INHALTSVERZEICHNIS

VORWORT 7

Kapitel 1
WAHNSINN MIT METHODE 10

Kapitel 2
ALLEIN GELASSEN IM KLASSENZIMMER 31

Kapitel 3
DER GROSSE KOMPETENZEN-IRRTUM 53

Kapitel 4
DIE QUITTUNG 76

Kapitel 5
DIE SCHULEN – ENTWICKELN STATT GLEICHSCHALTEN 98

Kapitel 6
DIE LEHRER – KINDER WIEDER ANLEITEN STATT IHR LERNBEGLEITER SEIN 120

Kapitel 7
DIE ELTERN – KLARER BLICK STATT SAND IN DEN AUGEN 143

Kapitel 8
DIE KINDER – KRANK GEMACHT UND UM IHRE ZUKUNFT BETROGEN 166

Kapitel 9
DIE BILDUNGSOFFENSIVE 189

ANHANG 212
ANMERKUNGEN 215

VORWORT

Vor elf Jahren erschien mein erstes Buch »Warum unsere Kinder Tyrannen werden«. In ihm stellte ich die Frage, ob unsere Kinder überhaupt noch zukunftsfähig seien. Denn schon damals war die eklatante Zunahme an Verhaltensauffälligkeiten nicht zu übersehen. Als Kinder- und Jugendpsychiater erkannte ich, was da vor sich ging: Die Kinder und Jugendlichen waren nicht etwa ungewöhnlich »unerzogen« oder zeigten eine »Verweigerungshaltung«; was mit ihnen geschah und heute noch geschieht, ist viel tiefgreifender: Ihre Psyche verpasst wichtige Entwicklungsschritte; sie bleibt auf dem Niveau von Kleinkindern stecken. Mit anderen Worten: Die Kinder bleiben dumm. Ihre – als IQ gemessene – Grundintelligenz ist zwar vorhanden, sie ist schließlich angeboren. Doch soziale und emotionale Intelligenz müssen Kinder im Umgang mit Erwachsenen erwerben, und genau dies findet immer seltener statt.

Als Ursache für die mangelnde Entwicklung der Kinder hatte ich Eltern identifiziert, die in wachsender Zahl aus ihren Überforderungssituationen heraus nicht mehr in der Lage sind, ihren Kindern ein Gegenüber zu sein. Mein Anliegen war es, dass Eltern wieder im Sinne des Wortes »zu sich« kommen, damit sie ihre Kinder wieder orientieren können. Heute muss ich sagen: Dieser Kampf ist so gut wie verloren. Der Erregungslevel in unserer Gesellschaft ist so hoch wie nie zuvor. Fast alle Erwachsenen – und damit auch Mütter und Väter – stehen chronisch unter Strom. Kaum jemand ruht noch in sich. Das hat zwingend zur Folge, dass die Beziehung zum Kind leidet – trotz der Liebe der Eltern zu ihrem Kind und ihrem Wunsch, es mit dem Besten zu versorgen. In Extremfällen wird das Kind nur noch als ärgerliche Störung wahrgenommen oder es soll als »Second Life«-Avatar die Wünsche und Sehnsüchte der Eltern bedienen.

Die Hoffnung, die Psyche der Kinder doch noch zu entwickeln, liegt also auf Kindergärten und Schulen. Kinder auf dem Weg ins Erwachsenenleben zu begleiten ist schon immer ihre Aufgabe gewesen. Doch seit der Jahrtausendwende wird in der Bildungslandschaft die völlig irre Vorstellung umgesetzt, dass Kinder die Partner der Erzieher beziehungsweise Lehrer sind und sie den Erwachsenen nur im Hintergrund brauchen. Das bedeutet: Auch in Kindergärten und Schulen finden Kinder kein Gegenüber, an dem sie sich orientieren und ihre Psyche bilden können. Bereits mehrere Schülergenerationen sind davon betroffen.

In tausenden Gesprächen mit Eltern, Lehrern, Schulleitern und Bildungspolitikern habe ich mir ein Bild machen können, was zurzeit in Kindergärten und Schulen schiefläuft und was sich ändern muss, damit sich die Kinder in den Gruppenräumen und Klassenzimmern wieder entwickeln können. Sollten einige der Aussagen, die ich über Kindergärten und Schulen treffe, für das eine oder andere Bundesland nicht gelten, bitte ich um Nachsehen. Die Bildungslandschaft in Deutschland ist dank des Bildungsföderalismus extrem unübersichtlich. In Summe ist aber der Befund eindeutig: In den vergangenen zwanzig Jahren wurde – natürlich unbeabsichtigt – viel Energie darauf verwendet, die Bedingungen für die Kinder exakt so zu gestalten, dass sich ihre Psyche eben nicht entwickeln kann. Weil der lehrerzentrierte Unterricht durch das schülerzentrierte Lernen ersetzt wurde, wird dies sogar aktiv verhindert.

Ich bedanke mich bei den Lehrern und Fachleuten überall im Land, die bereit sind, das Problem zu benennen und gegen die ideologisch aufgeladenen Ansichten einer großen Mehrheit Position zu beziehen. Danke auch an jene, die mir ihre Unterstützung für dieses Buch angeboten haben; nur sehr wenige von ihnen haben Platz auf den folgenden Seiten gefunden. Weil einige von ihnen damit rechnen müssen, mit ihrer unliebsamen Haltung Nachteile in ihrem Beruf zu erfahren, nenne ich sie nicht mit Namen.

Vor allem bedanke ich mich aber bei den Eltern, die das Bildungssystem kritisch hinterfragen und auf ihre Intuition vertrauen: Sie sind für ihr Kind präsent, machen mit ihm Hausaufgaben, lesen ihm vor und zeigen ihm auch zum dreißigsten Mal, wie man Schuhe anzieht. So tragen sie Sorge dafür, dass es jeden Tag einen weiteren Schritt in Richtung eines erfüllten, reichen Erwachsenenlebens schafft.

Kapitel 1
WAHNSINN MIT METHODE

Es hört sich alles so wunderbar an, so fortschrittlich und kinderfreundlich! In Kindergarten und Grundschule dürfen Kinder endlich frei von den Erwartungen und Zwängen der Erwachsenenwelt lernen und spielen. Niemand zerrt an ihnen herum, ganz nach Temperament und Tagesform wählen sie aus, womit sie sich beschäftigen wollen. Wenn das Kindergartenkind keine Lust auf gemeinsames Singen hat, dann setzt es sich eben in die Bauecke. Grundschüler werden im sogenannten »offenen Unterricht« zur autonomen Selbstorganisation angeregt, denn unter den vielfältigen Lernangeboten ist garantiert etwas, was sie gerade interessiert und dem sie sich in ihrem individuellen Tempo widmen möchten. Stressfrei und mit viel Spaß geht es zu, deshalb bleibt das von ihnen selbstständig und eigenverantwortlich erarbeitete Wissen dauerhaft im Gedächtnis. Ob allein an Lernstationen oder gemeinsam in Lerngruppen – es gibt kein Korsett mehr, in das ihre freiheitsliebenden Kinderseelen gepresst werden. Der Frontalunterricht hat ausgedient. Kein bedrohlich vor der Tafel aufragender Lehrer mehr, der endlos monologisiert und die Schüler nach vorne holt und sie vor der ganzen Klasse der Lächerlichkeit preisgibt.

Was für eine Traumschule, könnte man meinen. Höchste Zeit, auch die letzten Bildungsstätten, an denen noch nach antiquierten Methoden unterrichtet wird, auf die neue Freiheit der Kinder einzuschwören!

Für mich als Psychiater stellt sich die Sache aber ganz anders dar. Genau dieses Konzept des »offenen Unterrichts«, der Kindern heute fast flächendeckend von der Bildungspolitik zwangsverordnet wird, ist das Schlimmste, was ihnen passieren kann. Seine Auswirkungen erlebe ich Tag für Tag bei der Arbeit mit dadurch beeinträchtigten Kindern in meiner Praxis. Die Resonanz von Pädagogen, mit denen ich anlässlich meiner Vorträge überall im deutschsprachigen Raum ins Gespräch gekommen bin, bestätigt nur meine Erkenntnis: Kindergärten und Grundschulen sind zu Stätten des organisierten Verwahrens mutiert, in denen Kinder auf sich selbst gestellt keine Entwicklungsmöglichkeit für ihre emotionale und soziale Psyche haben und von daher verdummen oder sogar krank werden und zu Lernbegleitern degradierte Erzieher und Lehrer in eine völlige Überforderung geraten und viele in die Frühverrentung rutschen.

Um diesen Schluss zu ziehen, muss man noch nicht einmal die sprunghaft angestiegene Anzahl psychisch auffälliger Kinder oder ihre völlig unzureichenden Leistungen beim Übergang von der Grundschule in die weiterführende Schule oder später in die Berufsausbildung heranziehen (zu diesen Themen komme ich später noch). Es genügt schon, den ungeheuren Lärm in Klassen- bzw. Gruppenräumen als das zu sehen, was er ist: psychisch und physisch krankmachend. Doch für die begeisterten Befürworter der neuen Schullandschaften ist selbst die nicht wegzudiskutierende Tatsache, dass Lehrer und Schüler in Klassenzimmern gesundheitlichen Gefahren durch Lärm ausgesetzt sind, kein Grund, ins Nachdenken zu kommen. Der heute vielerorts zur Normalität gewordene Schullärm ist ein unübersehbares Zeichen dafür, dass die verfehlte Bildungspolitik der letzten Jahrzehnte ihre Schutzbefohlenen allein lässt – genau das ist eine unglaubliche Katastrophe.

Im November 2017 wurden im Auftrag des Bildungsministeriums Schleswig-Holstein Lehrer dieses Bundeslandes befragt, was sie an ihrem Arbeitsplatz belastet. Das Ergebnis aus über 9.000 ausgewerteten Fragebögen: Mit weitem Abstand am häufigsten wurde der Lärm im Klassenzimmer genannt; 93 Prozent der Grundschullehrer leiden darunter. Eine unfassbare Zahl!

Sind die Lehrer etwa nur ein bisschen übersensibel? Wie viel Krach herrscht denn objektiv in den Klassen? Weil es für unser Bildungssystem symptomatisch ist, dass wissenschaftlich haltbare Daten Mangelware sind, gibt es dazu kaum Belege. Fündig werde ich bei einer Veröffentlichung des Instituts für Interdisziplinäre Schulforschung in Bremen.[1] In vier Grundschulen und einer Schule der Sekundarstufe I wurde über insgesamt 565 Schulstunden hinweg kontinuierlich der Schall aufgezeichnet, die sich ergebenden durchschnittlichen Schallpegel betrugen zwischen 60 und 85 Dezibel. Von den 30 bis 45 dB(A) einer ruhigen Gesprächs- und Lernatmosphäre, in der man auch entspannt zuhören kann, ist das meilenweit entfernt. Eine Untersuchung des Fraunhofer Institutes für Bauphysik (IBP) in Schwimm- und Turnhallen kam im Summenschallpegel auf 80 bis 90 Dezibel.[2] Eine in der Nähe schreiende Person kann kurzzeitig sogar einen Schallpegel von bis zu 110 dB(A) verursachen – das ist lauter als eine Kreissäge oder ein Presslufthammer in unmittelbarer Nähe. Der wesentliche Geräuscherzeuger in der Schule ist die menschliche Stimme – Lehrer sind oft noch lauter als die Schüler. Denn damit sie von ihren Schülern überhaupt gehört werden, müssen sie mit ihrer Stimme 10 bis 15 dB(A) über dem Störgeräuschpegel liegen. Kein Wunder, dass so viele Lehrer Probleme mit ihren Stimmbändern haben.

Tag für Tag müssen Kinder, Lehrer und Erzieher diese krankmachende Geräuschkulisse aushalten. Das ist total irre! Noch verrückter ist es, dass niemand auf die Idee kommt, die Kinder anzuhalten, leiser zu sein. Stattdessen wird an den Symptomen herumgeschraubt. Als Ursache für den zu hohen Lärmpegel werden kurzerhand die veralteten Schulgebäude identifiziert, und es werden Unsummen ausgegeben, um Schall und Nachhall mit Teppichböden, Akustikdecken, Schallabsorbern etc. zu dämpfen. Wenn das Geld dafür fehlt, bekommen die Eltern einen Brief, dass sie ihren Kindern bitte Ohrenschützer kaufen sollen, die sie sich in den Unterrichtsstunden aufsetzen können. Kein Witz!

Eines der Argumente der Befürworter dieser Körperverletzung lautet: Kinder müssen auch mal Krach machen dürfen. Exakt dieser Meinung bin ich auch; beim Spielen und auch beim Lernen kann und soll es durchaus mal hoch hergehen. Doch wer sich einen Rest an Intuition bewahrt hat, merkt sehr gut den Unterschied zwischen dem Rufen fröhlich tobender Kinder und dem Chaos, das herrscht, wenn Kinder haltlos und völlig überdreht sind.

Natürlich gibt es auch Schülergruppen, die sich zumindest zeitweise an einer ruhigeren Lernatmosphäre erfreuen. Das liegt dann aber an der Persönlichkeit des Lehrers, und nicht an dem völlig am Kind vorbeioperierenden Bildungskonzept »offenes und freies Lernen«; im folgenden Kapitel gibt es dazu mehr zu lesen.

Für Grundschulkinder ist es reine Glückssache, welchem Lehrer sie zugeteilt werden und wie es für sie in der Schule weitergeht. Die einen machen Tag für Tag unter der liebevollen und zielgerichteten Anleitung ihres Lehrers einen weiteren Schritt in Richtung Selbstständigkeit, die anderen werden unter der Eigen-Dauerbeschallung ganz dusselig. Letztere können zu Hause entweder gar nicht mehr herunterdrehen, oder sie machen einen Not-Shutdown, zum Beispiel indem sie sich apathisch vor irgendeinen Bildschirm hocken.

Aber es geht ja nicht nur um den Lärm! Er ist ja nur die Spitze des Eisberges, der im Meer der verfehlten Bildungspolitik der letzten Jahrzehnte herumdümpelt. Andere Folgen des »offenen Unterrichts« wirken auf die Kinder noch viel zerstörerischer; in den folgenden Kapiteln werden sie ausführlich dargestellt. Eines kann hier bereits gesagt werden: Im Zentrum aller Verirrungen steht die Auffassung, dass man Kindern nur freie Bahn lassen muss, damit sie sich ganz von allein – also autonom – zu verantwortungsbewussten und sozial kompetenten Erwachsenen entwickeln. Wie kann es sein, dass dieser von selbsternannten Experten verbreitete Unsinn das Gehör der Bildungspolitiker findet?

Bei uns in der westlichen Welt ging es über lange Zeit stetig bergauf mit der Wirksamkeit von Lehrmethoden und den Chancen auf Bildung. Auch wenn es zwischendurch immer mal wieder Stagnation oder gar Rückschritte gab, reicherten sich über Generationen hinweg viele Erkenntnisse, viele Fortschritte an. An dieser Stelle nur einige Stationen:

- Es ist gerade mal zweihundert Jahre her, dass die ersten Lehrerseminare eingerichtet wurden. Kindern das Nötigste beizubringen wurde nun zunehmend von ausgebildeten Volksschullehrern übernommen und nicht mehr von Personen, die oft selber kaum lesen und schreiben konnten.
- Nach und nach wurde die allgemeine Schulpflicht eingeführt, ein gewaltiger Schritt in Richtung Chancengleichheit. Bis auch wirklich alle Kinder die Schule besuchten, statt in den Fabriken und in der Landwirtschaft arbeiten zu müssen, dauerte es allerdings einige Zeit.
- Dank erfahrener Pädagogen wie Fröbel und Montessori, die sich gut in die Welt der Kinder einfühlen

konnten, verstand man immer besser, wie Kinder lernen und sich entwickeln und was sie zu ihrer Entfaltung brauchen. Was schon bei den alten Griechen seinen Anfang nahm, wurde spätestens Anfang des 20. Jahrhunderts zum Basiswissen der Pädagogen: Statt Drill und Prügel brauchen Kinder die Zuwendung und die Anleitung ihres Lehrers.

So fand über die Zeit eine organische Entwicklung der Lehrmethoden statt; friedlich ging es dabei nicht immer zu. So mancher neue Ansatz wurde heftig kritisiert. Da ist zum Beispiel die umstrittene Ganzwortmethode, die sich schon Anfang des 19. Jahrhunderts unter anderem aus dem sogenannten Universalunterricht des französischen Gelehrten Jean Joseph Jacotot entwickelt hat. Bis heute werden wüste dogmatische Auseinandersetzungen geführt, ob Kinder besser ins Lesen finden, wenn sie erst das ABC lernen und dann Wörter aus den eingeübten Buchstaben bilden, oder ob es vorteilhafter ist, wenn sie sich zunächst ganze Wortbilder einprägen, daraus die Laute extrahieren und dann neue Wörter zusammensetzen.

Welches Lager hat nun Recht? Auf diese Frage gibt es keine eindeutige Antwort. Ob eine Lehrmethode erfolgreich ist oder nicht, hängt von vielen Faktoren ab – vor allem vom Enthusiasmus der Lehrer, die sie anwenden. Lange Zeit stand es ihnen frei, nach welcher Methode sie unterrichteten. Die meisten wählen heute eine ihnen sinnvoll erscheinende Kombination aus Buchstaben- und Ganzwort-Methode. Das Problem im heutigen Schulbetrieb ist aber, dass immer mehr von oben nach unten durchregiert wird. Es kann also sein, dass ein Lehrer gezwungen ist, seinen Unterricht in einer Weise zu gestalten, die ihm widerstrebt. Das kann nicht gut ausgehen.

Denn wenn ein Lehrer nicht hinter dem steht, was er vermittelt, merken Kinder das sofort.

Was passiert, wenn der Funke nicht überspringt, wird an einem weiteren Beispiel deutlich: Im Oktober 1968 beschloss die Kultusministerkonferenz, zum Schuljahr 1972/73 an allen deutschen Grundschulen die Mengenlehre einzuführen. Knapp zehn Jahre zuvor war dieses Teilgebiet der Mathematik auf Anraten der OEED (Organisation für europäische wirtschaftliche Zusammenarbeit, sie war die Vorläufer-Organisation der OECD) in die Lehrpläne der weiterführenden Schulen aufgenommen worden. Weil sich der Erfolg bei den älteren Schülern nur sehr spärlich einstellte, sollten nun schon die Erstklässler an die völlig neuen Inhalte der »neuen Mathematik« herangeführt werden. Bevor sie 1 + 1 = 2 rechnen durften, sollten sie Dreiecke und Vierecke zeichnen und Holzstäbchen ordnen. Vielleicht erinnert sich ja so mancher Leser noch an Aufgaben wie die folgende:

»Die Menge A hat die Mächtigkeit 21. Die Menge B ist um 13 Elemente weniger mächtig als die Menge A. Zeichne ein Bild der Menge B als Teilmenge von A.«

Offensichtlich hatten die Weiterbildungen der Lehrer nur wenig getaugt, denn viele waren ratlos, was sie da eigentlich vermitteln sollten. Die Folge waren verunsicherte Schüler. Auch die Eltern wussten nicht, wie ihnen geschah. Wenn sie ihren Kindern bei den Hausaufgaben helfen wollten, endete das meist in einem Drama am Küchentisch. Gleich schon im ersten Jahr, 1973, begann – leider ziemlich einmalig in der Bildungsgeschichte – das massive Aufbegehren gegen dieses von oben diktierte Fach. Die Eltern liefen so lange Sturm, bis das Projekt Mengenlehre auf ein Minimum zurückgefahren wurde.[3]

Viele Fachleute sind sich einig, dass ein Teil der damals betroffenen Schüler den Anschluss ans »richtige« Rechnen nie mehr so ganz geschafft hat und der Ausflug in die Mengenlehre eine Generation an Schülern hervorgebracht hat, von denen nur wenige das kleine Einmaleins sicher beherrschen.

Man sollte meinen, dass dieses Chaos die Verantwortlichen davon abgehalten hätte, noch einmal so einen Unsinn übers Knie zu brechen. Doch es kam noch schlimmer. Der Schweizer Pädagoge Jürgen Reichen stellte die Hypothese auf, dass Kinder quasi von alleine Lesen und Schreiben lernen, wenn man nur auf ihre Kreativität und ihren Wunsch setzt, sich auszudrücken. Seine Methode »Lesen durch Schreiben« – auch als »Schreiben nach Gehör« bekannt und in Buchform in zig Auflagen immer wieder veröffentlicht – gibt den Kindern eine Anlauttabelle an die Hand (A = Affe, Z = Zebra), mit deren Hilfe sie sich von Beginn an ganze Sätze zusammenstellen können. Lehrer und Eltern werden aufgefordert, keinesfalls den Spaß an der Sache zu stören, indem sie zum Beispiel sagen: »Hunt wird aber mit einem d geschrieben.« Allen Warnungen zum Trotz, dass sich Kenntnisse in Rechtschreibung nur sehr schwer nachholen lassen, wurde diese Methode zum Normalfall. Was Herr Reichen angerichtet hat, ist ein Skandal. Über zwanzig Jahre lang hat seine Methode nicht nur zu Heerscharen von Schülern mit desaströsen Orthografiekenntnissen geführt, sondern auch einer prinzipiell negativen Einstellung gegenüber gemeinschaftsstiftenden Übereinkünften Vorschub geleistet: Regeln? Wir brauchen keine Regeln!

Der Geist der 68er-Jahre trug viel dazu bei, obskuren Unsinn wie die »Lesen durch Schreiben«-Methode gesellschaftsfähig zu machen. Der Erziehungswissenschaftler Hans Brügelmann, lange Zeit begeisterter Befürworter der Reichen-Methode, bekräftigte dies in einem Spiegel-Interview: »Die 68er-Bewegung verbreitete eine enorme Aufbruchsstimmung, in der die Gleichwertigkeit auch von Kindern und Erwachsenen eine wichtige Rolle spielte.«[4] Hier begegnet uns wieder die Annahme, dass Erwachsene Kindern nichts zu sagen haben und dass Kinder sich quasi spontan entwickeln, wenn man sie nur in Ruhe lässt. Als die 68er-Generation bei ihrem Marsch durch die Institutionen an die entsprechenden Positionen aufrückte, war der Weg frei, diese Weltanschauung in der Bildungspolitik fest zu verankern und geradezu handstreichartig die bewährte Beziehung zwischen Lehrern und Schülern an immer mehr Schulen durch den »offenen Unterricht« zu ersetzen.

Und dann platzte im Jahr 2001 die PISA-Bombe: Die deutschen Schüler schnitten bestenfalls mittelmäßig ab. Das Ergebnis des von der OECD ins Leben gerufene *»Programme for International Student Assessment«* rief ein großes Geschrei hervor. Doch die Reaktion war genau die falsche: Statt erst mal zu überlegen, wer hinter PISA steht, was PISA denn überhaupt genau gemessen hat und wie sinnvoll die vorgenommenen Ländervergleiche sind, gestaltete sich Schulpolitik nun vollends hysterisch und hektisch. Kinder mussten in immer höherer Schlagzahl als Versuchskaninchen herhalten. Ständig wurde und wird immer noch irgendeine Sau durchs Dorf getrieben. Irgendjemand denkt sich »was Schönes« aus, das in das ideologische Programm der Zeit passt, und schon werden über die Köpfe von Lehrern und Eltern hinweg flächendeckend Noten und Schreibschrift abgeschafft, Diktate aus den Lehrplänen verbannt, Inklusionskinder in sowieso schon volle Klassen dazugepackt und vieles mehr, ohne dass irgendjemand nachweisen kann, dass sich das jeweilige Experiment positiv auswirken wird.

Es wird noch nicht einmal nach einigen Jahren wissenschaftlich nachprüfbar nachgeforscht, wie sich das neue Curriculum auf die Kinder ausgewirkt hat.

Das eigentliche Desaster ist aber, dass über allem immer noch der Geist des »offenen Unterrichts« schwebt. Reichens »Lesen durch Schreiben«-Methode war der Prototyp der Ideologie des selbstständigen, von den Kindern selbst gesteuerten Lernens. Dass man damit nicht weit kommt, hatten schon lange vor PISA die grottenschlechten Leistungen der Schüler gezeigt. Aber auch dies ist ein Kennzeichen von Ideologie: Ungern gibt ein Ideologe zu, dass er Unrecht hatte. Und wenn die Ergebnisse noch so schlecht sind, er sorgt mit allen Kräften dafür, dass weitergemacht wird. Denn dass das Konzept des »offenen Unterrichts« die PISA-Schlappe wieder wettmachen soll, ist auch heute noch als Dogma quasi unantastbar.

Weil die Leistungen der Kinder immer weiter abrutschen, lautet die Devise: »Der Unterricht ist eben noch nicht offen genug, die Erwachsenen müssen sich *noch mehr* aus dem Lernprozess herausnehmen, damit sich der Erfolg einstellt!« Das ist so, als wenn ein Arzt seinem Patienten, dem er wegen einer Fehleinschätzung ein falsches Medikament verschrieben hat und dem es immer schlechter geht, immer höhere Dosen des gleichen Medikaments verabreichen würde. »Irgendwann *muss* es doch wirken!«

Auch der Schweizer Schulgründer Peter Fratton gehört zu jenen, die in Bezug auf Pädagogik viel Unheil angerichtet haben. Seine »vier pädagogischen Urbitten«, die er den Kindern in den Mund gelegt hat – »Erziehe mich nicht – sondern begleite mich; Bringe mir nichts bei – sondern lass mich teilhaben; Erkläre mir nicht – sondern gib mir Zeit zu erfahren; Motiviere mich nicht – aber dich« – liegen weit entfernt von jeder Realität.

Selbst wenn man annimmt, dass diese Sätze nur provokant gemeint waren, ist der angerichtete Schaden immens. Die Tatsache, dass in der Schule heute genau diese Leitsätze umgesetzt werden, in der irrigen Annahme, die Kinder könnten dies alles am besten ganz von allein, macht Fratton zu einem der Mitverantwortlichen der heutigen Bildungsmisere.

Eine der Anhängerinnen Frattons war Gabriele Warminski-Leitheußer, die 2011 sozialdemokratische Kultusministerin in Baden-Württemberg wurde. Um sich herum installierte sie eine »Laienspielgruppe aus Freunden und Bekannten«, wie Beobachter zitiert werden.[5] Sie machte Fratton zum offiziellen Berater ihres Ministeriums und begann, das Schulsystem ihres Bundeslandes nach dessen Vorstellungen umzugestalten. Das vormalige Vorzeige-Bundesland verschlechterte sich in der darauffolgenden Zeit dramatisch im Ländervergleich. Legendär ist Frattons Antwort auf eine Frage in einer Landtagsanhörung: »Ich habe keine Ahnung, was dabei herauskommt. Aber schön falsch ist auch schön.« Dass dieser Satz nicht sofort dazu führte, dass er ausgelacht und vor die Tür gesetzt wurde, zeigt ganz deutlich: Ideologie gilt mehr als Fachverstand. Das emotionale Beurteilen und das Sich-Zurechtbiegen von Realitäten, bis sie den eigenen Wünschen und Vorstellungen entsprechen, ist in meinen Augen die Basis der Bildungspolitik seit mindestens zwei Jahrzehnten.

Fratton war Realschullehrer, er hätte es wirklich besser wissen müssen. Viele der Ideologen, die sich die Schulwelt so bauen, wie sie ihnen gefällt, verfügen noch nicht einmal über einen praktischen Hintergrund, sondern sind reine Theoretiker. Für mich steht fest: Wer noch nie selbst vor einer Grundschulklasse gestanden, eine Kindergartengruppe geleitet hat, ist diesbezüglich ein Laie. Jahrelange Teilnahme an Bildungs-Ausschüssen ersetzt nicht die Erfahrung aus ständigem, direktem Kontakt mit Kindern. Hans Brügelmann zum Beispiel, der die offene Unterrichtsform entscheidend mitgeprägt hat und sich erst spät von den Dogmen Jürgen Reichens distanzierte, hat unter anderem Jura und Erziehungswissenschaften studiert; dass er jemals mit Kindern gearbeitet hätte, kann ich aus seiner Biografie nicht herauslesen.

Und dann sind da noch die selbsternannten Bildungsexperten, die *weder* in der Theorie *noch* in der Praxis den Umgang mit Kindergartenkindern oder Schülern gelernt haben. Die einzige Legitimierung für ihre Einmischung ist es, selbst mal Kind gewesen zu sein. Das gilt für den Philosophen Richard David Precht genauso wie für den Hirnforscher Gerald Hüther. Dass jeder meint, alles zu können, ist heute normal, doch gewöhnt habe ich mich noch nicht daran. Ich finde es einfach nur verblüffend, dass sich gutmeinende Idealisten eine begeisterungsfähige, aber offensichtlich auch unkritische Klientel aus Bildungspolitikern heranziehen konnten und können. Gemeinsam bilden sie eine unheilige Allianz, die in kürzester Zeit geschafft hat, ein bis etwa 1990 recht gut funktionierendes Schulsystem völlig auf den Kopf zu stellen.

Was Didaktik und viele andere Bildungsthemen angeht, bin auch ich ein Laie; dessen bin ich mir bewusst. Zu bestimmten Lehrmethoden kann ich mir zwar eine Meinung bilden, doch meine Einschätzung, ob zum Beispiel die Ganzwortmethode oder die Buchstabiermethode für Kinder besser ist, wäre weder professionell noch für Schüler, Eltern, Lehrer und Bildungspolitiker in besonderem Maße relevant. Doch es gibt auch Aspekte der aktuellen Schullandschaft, die zu hundert Prozent meinen

Beruf als Kinder- und Jugendpsychiater berühren. Einer davon ist die Existenz grundlegender Störungen in der Beziehung zwischen Erwachsenen und Kindern, die ich in den letzten zwanzig Jahren mit immer größerer Sorge feststelle und mit deren Auswirkungen ich mich Tag für Tag in meiner Praxis auseinandersetzen muss.

Die Ideologen, die uns das aktuelle Bildungssystem mit seinem Konzept des »offenen Unterrichts« eingebrockt haben, und ihre Fans glauben ganz aufrichtig, die Kinder zu befreien. Möglich ist dieser Irrtum nur durch eine Beziehungsstörung, die in der Psychoanalyse Projektion genannt wird: Ein Erwachsener projiziert seine eigenen Wünsche und Gefühle auf das Kind. Das heißt, er sieht das Kind gar nicht als Kind, das eigene Bedürfnisse hat und auf seinen Schutz angewiesen ist, sondern sozusagen als Avatar, den er mit eigenen Wünschen und Bedürfnissen »füllt«. Kurz gesagt: Das Kind muss einen Pullover anziehen, weil die Mutter schnell friert.

Bis etwa 1995 war die Projektion eine sehr, sehr seltene Beziehungsstörung. Heute dagegen ist es ganz normal, wenn Bildungsexperten und -politiker (genauso wie viele Eltern und Lehrer auch) den Kindern auf Teufel komm raus das geben, was sie sich selbst – als Kind – wünschten. Sie haben lustlos über den Hausaufgaben gehockt? Also weg damit! Sie denken mit Grausen an das ewige Auswendiglernen zurück? Auf keinen Fall darf das den Kindern zugemutet werden! Sie wären gerne während des Unterrichts ein wenig herumspaziert? Also werden Wände eingerissen und Lerntheken eingerichtet, an denen sich die Kinder nach Lust und Laune bedienen können. Genau das, was einen großen Teil des Schutzes ausmacht, den Kinder eigentlich von Erwachsenen erwarten dürfen, nämlich das mittel- und langfristige Vorausschauen sowie die nötige Distanz, um dem Kind das Beste für seine Zukunft geben zu können, ist im Zustand der Projektion ausgehebelt.

Nur die Projektion lässt einen Erwachsenen die Tatsache, dass er selbst sich dank seiner psychischen Reife in der Welt ganz gut zurechtfindet, mit der Annahme verwechseln, dass Kinder kleine, autonome Erwachsene sind. Und nur in der Projektion kommt er auf die Idee, dass seine Rolle darin besteht, alle Wünsche, die er dem Kind zuordnet, umgehend zu erfüllen. Damit hebt er das Kind nicht nur auf Augenhöhe (was an sich schon schädlich genug ist), sondern ordnet sich dem Kind unter. Nun führt nicht mehr der Erwachsene, sondern das Kind. Diese Hierarchievorstellung ist in der gesamten Menschheitsgeschichte einmalig. Bis in die 1990er-Jahre ist die natürliche Aufgabe der Erwachsenen, den Kindern zu zeigen, wie die Welt funktioniert, nie in Zweifel gezogen worden. Doch in der heutigen Bildungspolitik ist die Vorstellung, dass Kinder den Erwachsenen sagen, wo es langgeht, schon so weit zur Selbstverständlichkeit geworden, dass kaum noch jemand wagt, sie in Frage zu stellen. Wer es trotzdem tut und einfordert, dass Kinder wieder beim Erwachsenen Orientierung finden und von ihnen auf ihrem Weg ins Erwachsenenleben geleitet werden sollen, wird mit einem mitleidigen Kopfschütteln bedacht und umgehend als antiquiert abgestempelt.

Leider geht die Kritik der wenigen, die noch Widerstand gegen den »offenen Unterricht« leisten, oft am Kern der Sache vorbei. Es geht gar nicht um die Frage, ob Kinder in der Schule nach Methode A oder B unterrichtet werden sollen. Denn der »offene Unterricht«, der sich aus der Grundannahme ergibt, dass Kinder autonom lernen, ist keine Methode, sondern eine Weltanschauung. Die eigentliche Bildungsrevolution besteht in dem unnatürlichen Beziehungsverhältnis, in das Kinder und

Erwachsene heute durch das Dogma des autonomen Lernens gezwungen werden. Durch diesen Paradigmenwechsel werden alle Lehrmethoden auf den Kopf gestellt. Im Grunde müssten Juristen prüfen, ob die heutigen Unterrichtsformen den Tatbestand der unterlassenen Hilfeleistung erfüllen. Denn wenn das Kind sich nicht an Erwachsenen orientieren darf, findet bei ihm definitiv keine Entwicklung seiner Psyche statt. Das ist nicht etwa meine persönliche Meinung, das ist seit vielen Jahrzehnten abgesichertes Wissen.

Was ist Psyche? Sie bestimmt über die emotionalen und sozialen Leistungen, zu denen ein Mensch – ob Kind oder Erwachsener – fähig ist. Bei einer normalen psychischen Entwicklung lernt das Kind alles, was es braucht, um sich in eine Gemeinschaft eingliedern und ein selbstbestimmtes Leben führen zu können. Beides ist ohne eine entwickelte Psyche nicht möglich.

- Emotionale Fähigkeiten beziehen sich auf den Menschen selbst. Sie entscheiden u.a. darüber, ob jemand seine Erfahrungen inhaltlich aufnehmen und verstehen kann und ob er seine eigenen Gefühle erkennen, zuordnen und ab einem gewissen Alter auch steuern kann.
- Soziale Fähigkeiten beziehen sich auf das Miteinander. Sie sorgen u.a. dafür, dass jemand für seine Mitmenschen ein Gespür hat und Rücksicht auf sie nehmen kann. Sie machen es auch möglich, Verantwortung für andere zu übernehmen.

Die Psyche kleiner Kinder ist noch nicht sehr weit entwickelt. Es ist zum Beispiel völlig sinnlos, einem acht Monate alten Kind Geduld abzuverlangen, bis der Möhrenbrei gewärmt ist. Frustrationstoleranz und andere Fähigkeiten, die es ihm ermöglichen, sich in eine Gesellschaft einzugliedern, lernt es erst in den folgenden Lebensjahren in endlosen Schleifen. Wie oft müssen Erwachsene zum Beispiel sagen: »Warte mal einen Moment!«, oder: »Es dauert noch zehn Minuten, bis es Essen gibt«, bevor das Verhalten zuverlässig eingeübt ist! Durch ständiges Üben lernt das Kind auch Schritt für Schritt, zuhören und sich konzentrieren zu können, eine begonnene Arbeit zu beenden, die eigenen Gefühle und die der anderen einzuschätzen, für sich und andere Verantwortung zu übernehmen. Am Ende dieser Entwicklung steht ein junger Mensch, der auf eigenen Füßen durchs Leben gehen kann.

Überall auf der Welt, wo Kindern unter Anleitung der Erwachsenen ermöglicht wird, ihre Psyche zu entwickeln, wird dieselbe Reihenfolge und derselbe Zeitplan eingehalten. Die Grafik im Anhang gibt einen Überblick über die einzelnen Entwicklungsschritte. Hier einige der Stufen im Schnelldurchlauf:

- Sobald ein Baby halbwegs Kontrolle über seine Bewegungen hat, beginnt es, wie von einem inneren Motor angetrieben alles zu untersuchen, was in seine Reichweite kommt. Es geht um eine reine Bestandsaufnahme: Dies ist hart, jenes weich, etwas anderes fühlt sich kalt an oder schmeckt scheußlich usw. Es dauert gut zwei Jahre, bis das Kind eine Ordnung in die Welt um sich herum gebracht hat.
- Schon vorher hat es erfahren, dass es zwei ganz unterschiedliche Bestandteile der Welt gibt. Da sind die Gegenstände, die sich steuern lassen; einen Bauklotz kann es zum Beispiel, so oft es möchte, auf den Boden schmeißen. Und da sind Menschen, die nicht immer so reagieren, wie das Kind es erwartet. Dies ist ein

sehr wichtiger Schritt, denn nun beginnt das Kind, sich an den Erwachsenen zu orientieren. Nur so kann es zu einer ersten Anpassung an die Welt um es herum kommen, und nur so kann Schritt für Schritt ein sozialkompatibles Verhalten eingeübt werden.
- Das dreijährige Kind ist in der Lage zu erkennen, dass es in einem Restaurant anders zugeht als auf dem Spielplatz, und dass es sich nicht nur an den Eltern, sondern auch an anderen Menschen orientieren kann – zum Beispiel an einer Erzieherin. Mit diesen Fähigkeiten ist es reif für den Kindergarten.
- Mit sechs Jahren ist das Kind schulreif, denn es ist nun fähig, sich an Regeln zu halten. Es kann verinnerlichen, dass es aufzeigt und abwartet, bis es drankommt, bevor es redet. Es hat zuvor im Kindergarten und im Elternhaus auch schon eingeübt, auf einem Stuhl sitzenzubleiben.
- Mit fünfzehn bis sechzehn Jahren ist der Jugendliche ausbildungsreif. Er kann nun Verantwortung für sich übernehmen und hat eine Vorstellung, wie er später mal leben will und was er machen muss, um so weit zu kommen. Er erkennt in einem Lehrbetrieb Strukturen und Abläufe, akzeptiert den Ausbilder als jemanden, der ihm etwas beibringen kann.

Bis Mitte der Neunzigerjahre konnte man wie selbstverständlich davon ausgehen, dass diese Entwicklungsschritte bei den Kindern des entsprechenden Alters stattgefunden hatten. Sie waren nicht etwa ein Zeichen dafür, dass man sich die Kinder passend zurechtgestutzt hat. Ganz im Gegenteil: Das Maß für die Abfolge »Kindergarten mit drei, Grundschule mit sechs und Lehre mit sechzehn Jahren« spiegelt die ganz natürlichen Entwicklungsschritte jedes jungen Menschen wider, der die Chance hatte, sich an Erwachsenen zu orientieren. Diese Schritte wurden seit Freud intensiv untersucht und sind wissenschaftlich fundiert nachgewiesen.

Die dazu notwendige Orientierung hat früher vor allem an drei Orten stattgefunden: im Elternhaus, im Kindergarten und in der Schule. Eltern, Erzieher und Lehrer begleiteten das Kind, so dass es seine Psyche entwickeln konnte. Tragischerweise nehmen seit etwa 1995 Eltern zunehmend ihre Kinder nicht mehr als Kinder wahr, sondern in Projektion oder – schlimmer noch – als untrennbaren Teil ihrer eigenen Persönlichkeit, was Symbiose genannt wird. Mehr Information zur Symbiose gibt es im 7. Kapitel, hier nur so viel dazu: Ist die Beziehung von Eltern zu ihrem Kind eine Symbiose, ist aus dem Avatar-Kind der Projektion ein Körperteil-Kind geworden. Es wird von Eltern nicht als Individuum, sondern als Bestandteil des eigenen Körpers wahrgenommen. Diese Verschmelzung der eigenen Psyche mit der des Kindes gaukelt den Eltern vor: »Was dem Kind passiert, passiert auch mir.« Dies ist der Grund, warum es Eltern in der Beziehungsstörung der Symbiose buchstäblich nur unter Schmerzen möglich ist, ihren Kindern Computer oder Smartphone wegzunehmen. Ich denke, vor dem Hintergrund der Symbiose wird so mancher Lehrer die vielen über-emotionalisierten Eltern mit ganz anderen Augen sehen, wenn sie bei ihnen auf der Matte stehen, um sich über eine schlechte Note ihres Kindes zu beschweren. Denn in der Wahrnehmung der Eltern in der Beziehungsstörung der Symbiose wurde nicht ihrem Kind, sondern ihnen selbst »Unrecht angetan«.

Fakt ist: Eine Entwicklung der Psyche kann im Kind nur stattfinden, wenn die Erwachsenen ihm den Weg zeigen. Fakt ist auch: Nicht mehr alle Kinder können in dieser Hinsicht auf ihre Eltern zählen. Bleibt noch die Schule. Sie ist viel mehr als nur der Ort, an dem Kinder Lesen, Schreiben, Rechnen lernen. Ihr übergeordnetes Ziel ist es, die Psyche des Kindes altersgerecht zu entwickeln. Weil sich die Mehrheit der Eltern in der Beziehungsstörung der Symbiose mit ihrem Kind befindet und in puncto Entwicklung der kindlichen Psyche Totalausfälle sind, müsste die Schule eigentlich doppelte Arbeit leisten. Doch auch von dieser Seite werden die Kinder im Stich gelassen. Mit den heutigen Lernkonzepten werden wichtige psychische Funktionen des Kindes gar nicht abverlangt und eingeübt. Denn auch wenn die Anhänger des »offenen Unterrichts« dies nicht wahrhaben wollen – vor die Wahl gestellt, suchen sich Kinder meist das aus, was sie schon können (das tun wir Erwachsenen übrigens auch). Damit es Fortschritte macht, braucht es die Aufforderung des Erwachsenen: »Komm, versuch das mal! Ich denke, du schaffst das!«

Das bedeutet: Für viele Kinder sind sowohl das Elternhaus als auch die Schule als Orte der Entwicklung ihrer Psyche weggebrochen – sie bleiben auf der psychischen Entwicklungsstufe eines kleinen Kindes stehen. Erkennbar ist das daran, dass sie Aufträge des Lehrers (z.B. »Holt das Deutschbuch heraus!«) erst nach mehrfacher Aufforderung ausführen (sie steuern den Lehrer), sie sind weder lernwillig noch wissbegierig, sie konzentrieren sich nur nach Lust und Laune und sind somit zu angemessenen Lern- und Arbeitsleistungen gar nicht fähig. Auf pädagogische Interventionen reagieren sie mit frechem, respektlosem Verhalten oder mit Verweigerung. Sie verhalten sich bestimmend und steuernd, verfügen über keine Frustrationstoleranz und meiden Anstrengung. Es fehlt ihnen die Reife, aus Konflikten zu lernen und ihren eigenen Beitrag zur Konfliktsituation zu erkennen – immer sind die anderen oder die Umstände schuld. Sie kreisen um sich selbst, leben häufig autistoid in sich zurückgezogen und nehmen außerhalb von sich wenig wahr. Dass sie sehr charmant und freundlich sein können, täuscht oberflächlich gesehen über ihre Unfähigkeit hinweg, empathisch auf andere einzugehen. Sozial sind sie eher rücksichtslos und egozentrisch sowie emotional und zwischenmenschlich arm. Sie leben lustorientiert im Moment und sind weder beziehungs- noch arbeitsfähig. Sie sind nicht unglücklich – etwas anderes kennen sie ja nicht. Aber ihr Leben entbehrt jeder Tiefe.

Für den einzelnen Menschen ist das alles eine Katastrophe – für die Kinder und auch für die Eltern und Lehrer. Doch auch die Gesellschaft leidet enormen Schaden. Wir leben nur deshalb in einem friedlichen, geordneten Land, weil wir psychisch entwickelt sind. Denn nur auf dieser Basis greifen die Fähigkeiten, sich in andere einzufühlen, sozial kompetent zu sein und ein Verständnis für demokratische Abläufe zu haben. Wertevorstellungen können nicht anerzogen werden, sie finden allein in einer entwickelten Psyche eine Heimat. Die Aussichten für ein friedvolles Zusammenleben auch in den nächsten Jahrzehnten stehen also denkbar schlecht.

Fazit:

Schule ist zu einem Spielfeld für Ideologen verkommen, die sich eine Lernmethode nach der anderen einfallen lassen. Der gemeinsame Nenner: Kinder sollen autonom lernen. Doch genau dies ist ihnen definitiv nicht möglich. Was die Kinder am dringendsten brauchen, wird ihnen verweigert: Erwachsene, die sie an die Hand nehmen und ihnen den Weg in die Selbstbestimmtheit zeigen. Ohne diese Unterstützung kann sich ihre Psyche nicht entwickeln. So werden aus vernachlässigten Kindern beziehungs- und arbeitsunfähige Jugendliche ohne Chance auf ein erfülltes Leben sowie eine Gefahr für die mühsam erkämpften Errungenschaften einer funktionierenden Solidar-Gesellschaft.

Kapitel 2
ALLEIN GELASSEN IM KLASSENZIMMER

Wie erlebt ein Grundschüler eigentlich seinen Schulalltag? Es hat sich viel geändert in den letzten zwei Jahrzehnten. In vielen Klassen gibt es keine festen Sitzordnungen mehr, in der Regel sind im Raum Tisch-Inseln verteilt, an denen die Kinder wahlweise Einzel- oder Gruppenarbeit machen können. Hat sich die Schulleitung ins Zeug gelegt, laden in den Ecken Schaukelstühle oder Sitzsäcke zum Ausruhen oder Hören einer Lern-CD ein. Ein immer wiederkehrendes Bild in Videos, die von Schulen zu Werbezwecken ins Netz gestellt werden, sind auch Kinder, die auf den Tischen sitzen oder auf Puschel-Teppichen liegen – die Botschaft lautet: Bei uns fühlen sich die Schüler wohl. An den Wänden sind Regale und Ablagekörbe mit Lernmaterialien, Stiften, Scheren, Kleber usw. aufgereiht, die den Kindern zur freien Verfügung stehen. Alles ist bereit für das »autonome Lernen« – die Kinder bedienen sich zum Beispiel bei den Ordnern mit Arbeitsblättern und den Stapeln laminierter Lernkarten, auf deren Rückseiten die Lösungen zum Nachschauen stehen. Wenn die Digitalisierung des Klassenzimmers schon Einzug gehalten hat, können sich die Schüler auch ein Tablet nehmen, auf dem sie recherchieren, Videos anschauen oder sich durch Lernstrecken klicken können.

Schon dieser kurze Blick in einen Klassenraum macht deutlich, dass der Lehrer nicht mehr im Zentrum des Geschehens steht; aus dem lehrerzentrierten Unterricht ist ein schülerzentrierter Unterricht geworden (eigentlich müsste er materialzentriert heißen). Dass hinter dieser Entwicklung die Anschauung von einem Kind steckt, das die Erwachsenen nur in untergeordneten Hilfsdiensten nötig hat, weil es ja selbst schon ein kleiner Erwachsener ist und deshalb autonom lernen kann, habe ich im vorangegangenen Kapitel gezeigt. Nun geht es darum, mit welcher geradezu unheimlichen Konsequenz die Bildungsideologen diese an der Natur des Kindes völlig vorbeizielende Idee des schülerzentrierten, »offenen« Unterrichts mit aller Macht vorantreiben. Das von der »Landesakademie für Fortbildung und Personalentwicklung an Schulen« herausgegebene Methodenblatt zur »Lerntheke« macht die Marschrichtung klar:

»*Die Schüler/innen erwerben in Eigenverantwortung Lerninhalte, die sie an der zentral aufgebauten Lerntheke ihren Kenntnissen entsprechend aussuchen, bearbeiten und auswerten. Die Auswahl und die Reihenfolge legen sie selbstständig fest.*«[6]

Das Methodenblatt macht klar, dass auch die »*selbstständige Auswertung der Ergebnisse durch die Schüler/innen anhand von Lösungsvorschlägen*« gewünscht ist. Und unter der Rubrik »Möglichkeiten individueller Förderung« fasst das Methodenblatt zusammen, was die Lerntheke den Schülern in dieser Hinsicht alles bietet:

- Ihnen steht das gesamte Arbeitsmaterial zur Verfügung, aus dem sie sich bedienen können.
- Je nach eigener Einschätzung wählen sie leichtere oder schwerere Aufgabenstellungen aus; wer sich überschätzt hat, wechselt zu der leichteren Variante.
- Indem sich die Kinder selbst kontrollieren, erkennen sie, wo noch Kompetenzlücken bestehen; im Methodenblatt ist das wie folgt ausgedrückt: »*Selbstkontrolle fördert Selbsteinsicht und Verantwortung bzgl. persönlicher Kompetenzen und des Bedarfs ihrer Optimierung.*«

Man könnte fast meinen, es wäre von selbstlernender Künstlicher Intelligenz die Rede und nicht von Kindern. Was ebenfalls auffällt: Der Lehrer kommt in dem Arrangement kaum noch vor. Er ist nur noch als sogenannter Lernbegleiter vorgesehen, der die Materialien bereitstellt, in ein neues Thema einführt und nur dann, wenn sich ein Kind an ihn wendet, weil es so gar nicht mehr weiterweiß, in Erscheinung tritt. In einer Mail an mich beschrieb eine Gymnasiallehrerin aus Bayern ihre neue Rolle einmal treffend als: »(...) der Lehrer als Lerntapete, der nur noch im Hintergrund fungiert«.

Lerntheken, Wochenpläne, Gruppenarbeit, Einzelarbeit, Projektarbeit und Rollenspiel – das gab es alles auch schon zu Zeiten, als Lehrer noch als Bezugspersonen durch den Unterricht führten und so den Kindern einen Rahmen setzten. Maßvoll eingesetzt und unter enger Begleitung des Lehrers durchgeführt, belebten diese Methoden den Unterricht. Nun aber wird »offener Unterricht« abgehalten, der nach dem Prinzip der Selbstbedienung funktioniert: Die Kinder entscheiden, wann und wie sie sich den Materialien, die ihnen ins Klassenzimmer gestellt werden, zuwenden. Dieser »offene Unterricht« ist nicht etwa die Ausnahme oder nur ein Teil eines Gesamtkonzeptes, er IST das Gesamtkonzept! Im 2015 vom Ministerium für Schule und Weiterbildung des Landes Nordrhein-Westfalen herausgegebenen »Referenzrahmen Schulqualität NRW«[7] heißt es im Vorwort der damaligen Ministerin für Schule und Weiterbildung, Sylvia Löhrmann:

»*Der Referenzrahmen Schulqualität NRW gibt eine Antwort darauf, was wir gemeinsam unter guter Schule und gutem Unterricht verstehen. (...) Der Referenzrahmen soll nun die Basis für unsere gemeinsamen Anstrengungen um die Weiterentwicklung der Schul- und Unterrichtsqualität sein, indem er Entwicklungsrichtungen vorgibt und der Vergewisserung über die anzustrebenden Zielsetzungen und das bereits Erreichte dient.«*

Wie diese Basis der gemeinsamen Anstrengungen aussieht, ist unter anderem unter dem Punkt »Kompetenzorientierung« zu lesen:

»Die Gestaltung von Lehr- und Lernprozessen wird auf zunehmend selbstständiges und selbstreguliertes Lernen ausgerichtet.
- *Schülerinnen und Schüler werden in die Gestaltung der Lernarrangements einbezogen.*
- *Unter Berücksichtigung heterogener Lernvoraussetzungen und Lernbedingungen werden angemessene Formen kooperativen Lernens sowie selbstständigen Arbeitens ermöglicht.*
- *Es werden sukzessive Gelegenheiten für selbstständiges Arbeiten mit eigenständigen Planungsprozessen (zum Beispiel Ziel- und Methodenreflexionen, formative Prozessanalysen) eröffnet.*
- *Regelmäßig werden im Hinblick auf Selbstständigkeit und Selbstregulation Rückmeldungen zu Lernfortschritten und -ergebnissen gegeben.«*

Es springt ins Auge, dass viel von der Selbstständigkeit der Kinder die Rede ist. Doch hier liegt ein grundlegendes Missverständnis vor. Wenn Schüler sich an einer Lerntheke bedienen, sind sie selbst*bestimmt* – es redet ihnen ja niemand hinein, was sie tun sollen. Aber selbst*ständig* sind sie deswegen noch lange nicht. Und sie werden es auch nicht, wenn sie mit den Lehrmaterialien alleingelassen werden. Denn Selbstständigkeit entsteht, wenn aus Kindern junge Erwachsene werden, die zu eigenem Denken gefunden haben, sich in der Welt zurechtfinden und in ihr auf eigenen Füßen stehen können. Diese Entwicklung schafft kein Kind auf sich allein gestellt, dazu braucht es den Erwachsenen, der in die Beziehung und Bindung zum Kind geht.

Noch einmal in aller Deutlichkeit: Grundschulkinder können nicht selbstständig lernen, weil sie noch nicht selbstständig sind, und sie können auch nicht aus eigener Kraft selbstständig werden. Ganz im Gegenteil: Wenn ihnen im »offenen Unterricht« die stete Anleitung durch den Lehrer verwehrt wird, werden sie daran *gehindert*, als junge Erwachsene einmal selbstständig zu werden. Wissenschaftlich ist dieser Zusammenhang eindeutig belegt. Doch Ideologie erweist sich als stärker als jeder wissenschaftliche Beweis.

Das Versprechen, dass Kinder im »offenen Unterricht« selbstständig lernen könnten, auch »autonomes Lernen« genannt, ist reine Augenwischerei. Und auch das Schlagwort vom »individuellen Lernen«, das in diesem Zusammenhang von Bildungsideologen gebetsmühlenartig wiederholt wird, ist eine Luftnummer. Viele Erwachsene meinen, dass es »individuell« sei, wenn das Kind beim Abarbeiten der Lehrmaterialien nach eigenem Lerntempo vorgeht und bei der Auswahl zum Beispiel von Lernkarten unter verschiedenen Schwierigkeitsgraden auswählt. Dazu lassen sich zwei Dinge sagen.

Erstens: Was das Kind in der Reinform des »offenen Unterrichts« zu tun bekommt, sind fix und fertig abgepackte Lernhäppchen – auch wenn die einen Häppchen etwas schwieriger sind als die anderen. Ich frage mich, wo bei den Aufträgen – »Kreuze an!«, »Rechne!«, »Male aus!« – die Individualität bleibt. Was heute als »individuelles Lernen« bezeichnet wird, müsste eigentlich »beliebiges Lernen« heißen. Denn Individualität beim Lernen entsteht nicht, wenn das Kind vor Lernmaterialien gesetzt wird, sondern nur dann, wenn sich der Lehrer dem einzelnen Kind zuwendet und sich mit seinem Gespür auf es einstellt. Es kommt eben auf den Lehrer und nicht auf die Materialien an.

- Ein guter Lehrer bringt auch mit einem schlechten Schulbuch seiner Klasse viel bei.
- Der Unterricht eines schlechten Lehrers wird auch durch ein gutes Schulbuch nicht wesentlich besser.
- Das beste Lehrmaterial ist ohne Lehrer praktisch nutzlos.

Zweitens: Bei Kindern mit altersgerecht entwickelter Psyche machen die Lernangebote des »offenen Unterrichts« noch einen gewissen Sinn, doch nur als Ergänzung innerhalb eines lehrerzentrierten Unterrichts – also unter der Voraussetzung, dass der Lehrer zu den Kindern in Beziehung ist und bleibt. Doch heute haben wir es zum großen Teil mit Schulkindern zu tun, deren Psyche eben *nicht* altersgemäß entwickelt ist. Sie sind schlichtweg nicht in der Lage, auch dann konzentriert an einer Sache zu arbeiten, wenn ihnen gerade nicht danach ist. Deshalb bewegen sie sich lustorientiert von Lernstation zu Lernstation, wählen das Leichteste aus oder das, was sie schon kennen, sind schnell abgelenkt. Ich weiß, die Legende behauptet anderes. Da sammeln glückliche Kinder wissbegierig und auf eigene Faust Informationen, verknüpfen sie und befinden sich allesamt auf geradem Weg zur Teilnahme an Jugend-forscht-Wettbewerben. Aber die Realität sieht ganz anders aus.

Ich bin auf das Webportal einer Service-Agentur gestoßen, die Leistungen für Ganztagsschulen in NRW anbietet. Unter dem Punkt Medien/Materialien heißt es:

»*In der Ganztagsschule wird anders gelernt, Unterricht verändert sich. Der Lehrer wird mehr zum Lernbegleiter, der Lernräume bereitstellt, Lernen organisiert: Individuelle Wochenpläne, offene Unterrichtsformen, keine Hausaufgaben (,) stattdessen selbstständiges Lernen in der Schule, etc.*«[8]

Soweit alles klar und ideologisch perfekt auf Linie. Doch gleich darunter lässt sich ein Video anklicken, bei dem ab Minute 4:42 ein Lehrer von seinen Erfahrungen berichtet:

»*(...) ich muss mich fragen: Was haben die Schüler bei mir gelernt? Und diese Frage ist häufig genug frustrierend zu beantworten. Ich gehe aus zahlreichen Stunden raus und denk mir: Also mal ganz ehrlich, was haben die jetzt gerade bei mir gelernt? Haben die gelernt, sich vor Anstrengung zu drücken, haben die gelernt, sich durchzumogeln, haben die gelernt, gute Miene zu bösem Spiel zu machen?* [An dieser Stelle: unbewusstes heftiges Kopfnicken] *Aber was haben die von den Inhalten und Kompetenzen gelernt? Und da ein wenig geschmeidiger, lockerer, risikobereiter zu werden, ich denk, das ist einfach die Schulkultur hier. Und es ist schon ein Effekt auch von Ganztag und vom Umgang mit den Kleinen, die halt auch sehr spontan und sprunghaft sind im Ganztag.*«

Diese Sätze enthüllen das ganze Ausmaß des Desasters. Ich sehe einen sehr sympathischen und offensichtlich auch empathischen Lehrer, der sein Bestes gibt, von der herrschenden Bildungspolitik aber in die völlig falsche Richtung gelenkt wird. Er stellt die richtigen Fragen, macht die richtigen Beobachtungen, hat eigentlich schon festgestellt, dass der Kaiser gar keine Kleider anhat. Aber er traut seinem Gespür noch nicht. Ich stelle mir vor, wie er sich mit seinen Fragen und Nöten an seine Kollegen und Vorgesetzen gewendet hat und mit »Werd' mal geschmeidiger!« abgefertigt wurde. Also müht er sich weiter mit seinen »sprunghaften und spontanen« Schülern ab. Wie die Bildungs-Funktionäre der Service-Agentur dazu kommen, dieses entlarvende Video als Werbung für den »offenen Unterricht« ins Netz zu stellen, ist mir rätselhaft.

»Offener Unterricht« lässt Schüler und Lehrer allein. »Autonomes Lernen« bei Kindern gibt es nicht. Und auch das »individuelle Lernen« ist eine einzige Mogelpackung. Man könnte nun auf die Idee kommen, dass ich dem althergebrachten Frontalunterricht das Wort rede. Doch darum geht es gar nicht, mal ganz abgesehen davon, dass es in der Geschichte sowieso nie ein »Zurück« gibt. Die Entscheidung, die wir Erwachsenen dringend für unsere Kinder treffen müssen, ist nicht die zwischen »offenem Unterricht« und »Frontalunterricht«. Sondern die zwischen »Unterricht, in dem die Kinder allein gelassen werden«, und »Unterricht, in dem die Kinder von Lehrern angeleitet und begleitet werden«.

Im Frontalunterricht baut ein Lehrer nicht automatisch eine Beziehung zum Kind auf. Es hat schon immer Lehrer gegeben, die absolut unverbindlich ihren Unterricht vom Blatt ablesen und sich die Namen der Kinder in ihrer Klasse auch am Ende des Schuljahres noch nicht gemerkt haben. Auf der anderen Seite kann es durchaus einen Unterricht mit Selbstbedienungs-Sequenzen geben, in dem der Lehrer den Kindern buchstäblich zur Seite steht. Gestaltet der Lehrer zu einem bestimmten Thema ein paar Lernstationen, kann das richtig Schwung in den Unterricht bringen.

Ich spreche mit einer Lehrerin, die in den Klassen 1 bis 4 unterrichtet. In ihren 28 Berufsjahren hat sie viele Veränderungen erlebt: Aus ihrer Schule wurde eine offene Ganztagsschule, und Kinder mit einer ihrem Alter entsprechend entwickelten Psyche gibt es nur noch wenige in ihrer Klasse. Weil sie auch über ihre Schüler berichtet und diese wiedererkennbar wären, wenn ich ihren Namen und die Stadt, in der sie unterrichtet, nennen würde, stelle ich sie hier als »CB« vor.

MW: 28 Jahre sind eine lange Zeit. Hat sich im Vergleich zu früher viel verändert?
CB: Ich habe natürlich viele Veränderungen miterlebt, Schule ist ja nicht statisch! Doch was sich seit PISA in der Bildungspolitik tut, da sträuben sich mir die Haare. Wenn wir Lehrer heute auf Lehrgänge gehen, dann heißen die »Kooperative Lernmethoden« und ähnlich. Da präsentiert man uns Ideen, die sich immer toll anhören, aber in der Realität einfach nicht anwendbar sind.

MW: Böse Zungen könnten behaupten, Sie wollen einfach nicht umdenken.
CB: [lacht] Nein, daran liegt es wohl nicht. Kinder brauchen Orientierung und eine klare Struktur, dieses Bedürfnis haben sie heute sogar noch viel stärker als früher. Die Methoden des »offenen Unterrichts« würden da viel zu viel Unruhe reinbringen und sie überfordern. Am liebsten ist es meinen Schülern, wenn sie Tag für Tag den gleichen Ablauf haben. Deshalb singe ich jeden Morgen dasselbe Begrüßungs-Lied. Das brauchen sie allein schon, um zu merken: Aha, jetzt fängt Schule an. Und an der Tafel hängt für alle sichtbar ein Plan, an dem die Kinder ablesen können: Jetzt sind wir in Mathe, jetzt in Deutsch. Mit solchen kleinen Tricks bekommen wir den Unterricht einigermaßen hin.

MW: Haben sich die Kinder verändert?
CB: Ja, ganz deutlich. Früher waren sie aufnahmefähiger und anstrengungsbereiter, hatten mehr Forscherdrang. Es

ist auch nicht mehr so einfach, sie zu einem sozialen Verhalten anzuleiten. Ich habe in diesem Schuljahr eine dritte Klasse übernommen, da fällt mir das besonders auf. Es sind nur zwanzig Kinder in dieser Klasse, das ist irre wenig und eine extreme Ausnahme; normal sind 28 bis 30 Kinder. Trotzdem komme ich schnell an meine und ihre Grenzen. Es fängt schon damit an, dass die meisten kaum mit einem Radiergummi umgehen können, sie schaffen es auch nicht, im Buch zu blättern, ohne dass die Seiten verknicken. Einer meiner Schüler hat mit seinen neun Jahren dauernd einen Bleistift, ein Lineal oder eine Schere im Mund – wie ein Baby. Vor allem rufen fast alle immer noch in die Klasse hinein. Abwarten können, eigene Wünsche zurückstellen und andere ausreden lassen müsste eigentlich schon seit der ersten Klasse eingeübt sein. Doch einige meiner Drittklässler bekommen richtige Wutanfälle, wenn sie etwas sagen wollen und nicht sofort drankommen. Hier am Ball zu bleiben und immer wieder auf die Regeln hinzuwirken ist eine echte Herausforderung. Wenn ich sowieso schon etwas genervt bin, fällt das natürlich schwer. Da hilft nur: tief durchatmen.

MW: Mal ganz provokant gefragt: Wäre denn gerade in solchen Situationen der »offene Unterricht« keine gute Alternative? Dann könnten Sie sich ein wenig zurücknehmen und die Kinder einfach mal machen lassen.
CB: Nein, den Kindern wäre damit ja überhaupt nicht gedient. In meiner aktuellen Klasse habe ich nur zwei, vielleicht drei Kinder, mit denen ich so arbeiten könnte. Die anderen würden das gar nicht packen. Drei haben einen anerkannten sonderpädagogischen Förderbedarf, sieben weitere hätten als sogenannte ESE-Kinder eigentlich auch eine Förderung nötig, aber die Anzahl an Fördermaßnahmen pro Klasse ist ja gedeckelt. »ESE« heißt übrigens »För-

derschwerpunkt emotionale und soziale Entwicklung«; das bedeutet eigentlich nichts anderes, als dass die Kinder schnell ausflippen.

MW: »Offener Unterricht« macht also keinen Sinn?
CB: Nein, so habe ich das nicht gemeint. Warum sollte ich »offenen Unterricht« pauschal aburteilen? Ich könnte mir vorstellen, dass er in der Mittel- und Oberstufe ganz gut funktioniert – allerdings mit enger Betreuung durch den Lehrer. Aber bei meinen Drittklässlern: unmöglich! Wenn ich mir vorstelle, dass Luca[1], den man in jeder Pause davon abhalten muss, sich zu prügeln, Johanna, die wie eine Dreijährige spricht – »weis is nis« statt »weiß ich nicht« – und Mahmut, der nie etwas sagt und immer nur zu Boden schaut, sich als Arbeitsgruppe ein Thema aussuchen und bearbeiten sollen, dann ist das einfach nur abstrus. Selbst von normal entwickelten Grundschülern fände ich es zu viel verlangt, sich selbst einzuschätzen oder ihre Klassenkameraden zu bewerten. Für solche Sachen sind sie doch noch viel zu jung!
Abgesehen davon, dass allein schon die Durchführung problematisch wäre – ich glaube auch nicht, dass meine Schüler in den offenen Unterrichtsformen viel lernen würden. Ich sehe ja, dass sie ganz gut vorlesen können. Wenn ich sie dann aber frage, was sie gelesen haben, können sie das nicht sagen. Ich muss da viel Zeit investieren, damit etwas hängenbleibt. Beim Stationenlernen würden die Schüler etwas ankreuzen oder ausrechnen – aber ohne die intensive Mitwirkung des Lehrers hätte das wohl kaum einen bleibenden Effekt.

---

1   Die Namen sind geändert.

MW: Lassen Sie die Kinder denn auch mal selbst etwas entdecken und bestimmen?
CB: Natürlich! Erst neulich habe ich das Thema »Kartoffel« vorbereitet. An verschiedenen Stationen lernten die Schüler zum Beispiel etwas über den Kartoffelkäfer, oder sie haben Kartoffeln geschält und dann gemessen, wie viel ihre Kartoffeln mit und ohne Schale wogen. Ich muss bei solchen Projekten aber sehr genau schauen und die Kinder motivieren, dass sie sich auch an die schwierigeren Aufgaben herantrauen.
Wir haben auch einmal in der Woche Klassenrat, dann wird ein Vorsitzender gewählt und die Kinder besprechen, was sie aktuell beschäftigt. Als Lehrerin halte ich mich da möglichst raus, aber ganz allein schaffen es die Kinder natürlich nicht. Das erwarte ich auch gar nicht von ihnen. Allein, dass sie ein Gespür dafür entwickeln, dass jeder etwas sagen darf, ist ein längerer Prozess, der allen viel Geduld abverlangt.

MW: Aber Fortschritte sind zu sehen?
CB: Ja, zum Beispiel klappt es seit zwei Monaten mit dem Ausredenlassen schon deutlich besser. Das war aber ein hartes Stück Arbeit. Ganz kleinschrittig geht es voran. Mein Ansatzpunkt ist, dass ich den Kindern als Klassenlehrerin unglaublich wichtig bin. Sie gieren geradezu nach Beziehung und blühen richtig auf, wenn ich sie ermuntere. Dauernd fragen sie: »Hab ich das gut gemacht?« Nach den Ferien freuen sie sich, mich wiederzusehen. Besonders beliebt ist die »Warme Dusche«, die wir manchmal am Anfang einer Stunde machen, wenn ich merke, dass eines der Kinder besonderen Zuspruch braucht. Dann frage ich in die Runde: »Was hat denn der oder die XY in dieser Woche besonders gut gemacht?« Wenn die Klassenkameraden was Nettes sagen, freut sich das Kind. Wenn ich als Lehrerin aber lobe, strahlt es übers ganze Gesicht.

Ohne Beziehung zwischen Schüler und Lehrer kann Schule nicht funktionieren. Das wissen natürlich auch die Befürworter des »offenen Unterrichts«. Auch ihnen ist die Hattie-Studie bekannt. Der neuseeländische Bildungsforscher John Hattie hat fünfzehn Jahre lang über 700 Metastudien zum Thema Schule durchgeackert und 2008 eine Liste von 138 Faktoren veröffentlicht, die erfolgreiches Lernen fördern beziehungsweise eher wirkungslos sind oder sogar behindern.[9] »Klarheit der Lehrperson«, »Lehrer-Feedback« und »vertrauensvolles Verhältnis zwischen Lehrer und Schüler« stehen bei ihm ganz weit oben auf der Liste der Positiv-Faktoren. Das Problem ist, dass die Bildungsideologen einerseits und andererseits diejenigen, die noch intuitiv die Bedürfnisse von Kindern erfassen, eine völlig unterschiedliche Auffassung von Beziehung haben.

Früher war es selbstverständlich, dass ein Kind viel Zuspruch braucht und angewiesen ist auf eine positive und negative Spiegelung. Denn die Beziehung der Erwachsenen zu den Kindern ist von Natur aus dadurch geprägt, dass die Ersteren den Letzteren Orientierung geben. Entscheidend ist hierbei der Affekt der Erwachsenen, also die Vermittlung ihrer *authentischen Gefühle*. Der Affekt kann unterstützt sein durch die Mimik oder dadurch, dass das Kind zu hören bekommt: »Das hast du toll gemacht!« oder »Das möchte ich nicht!« Wirksam ist hierbei weniger, dass etwas passiert (Schimpfen oder ein geschenktes Bonbon), sondern in erster Linie, dass der Affekt des Erwachsenen für das Kind überhaupt spürbar wird. Die Affekte der Erwachsenen geben dem Kind Sicherheit und auch die Möglichkeit, die reale Welt zu erfahren. Nur auf dieser Basis kann es sich an das soziale Gefüge anpassen und sich seinem Alter angemessen in einer Gruppe verhalten.

Wenn also ein Dreijähriger sich am Tisch wie ein Zweijähriger aufführte, mit dem Essen herummatschte oder den Löffel dauernd fallenließ, weil er es spannend fand, wenn sich der Erwachsene dauernd bücken musste, dann ließ dieser dem Kind dessen Verhalten nicht durchgehen. Er spürte, dass man von einem dreijährigen Kind erwarten kann, über kürzere Zeitspannen am Tisch sitzenzubleiben und sich zu bemühen, sauber mit dem Löffel zu essen. Indem der Erwachsene zum Beispiel den Teller außer Reichweite stellte, unterbrach er den Konflikt. Die eigentliche Orientierung aber bestand darin, dass der Erwachsene mit einem klar erkennbaren Affekt reagierte, das Kind also genau wissen konnte, was sozial erwünscht ist. Daheim orientierte sich das Kind an den Eltern, im Kindergarten an der Erzieherin, in der Schule am Lehrer. Weil es stets geführt, gelenkt und angeleitet wurde, fühlte sich das Kind in der großen, ihm noch unverständlichen Welt sicher. Es wusste genau, was von ihm erwartet wurde und konnte sein Verhalten dahingehend entwickeln.

Dient die orientierende Beziehung etwa nur der Abrichtung des Kindes? Natürlich nicht. Die Basis für die Entwicklung der kindlichen Psyche sind Bindung und Liebe zum Kind. »Bindung« ist ein Begriff aus der Psychoanalyse und bedeutet in diesem Zusammenhang, dass der Erwachsene das Kind »auf sich bezieht«. Gemeint ist damit, dass das Kind sein Gegenüber als einen Menschen wahrnimmt, an den es sich halten kann. »Das ist die Mama«, weiß es. Oder: »Das ist der Lehrer«. Ohne diese Bindung kann es keine pädagogische Tätigkeit geben. Die Bindung aus einer liebevollen Zuwendung heraus gibt dem Kind Halt, Orientierung und Sicherheit.

Jenseits der Psychoanalyse kann man die Sache mit der Bindung auch so ausdrücken: Nur wenn sich Lehrer und Erzieher dem Kind *verbunden* fühlen, lassen sie sich auf den anstrengenden und langwierigen Prozess des steten Anleitens und Begleitens ein und bringen die nötige Geduld auf, durch ihre Zuwendung das Kind emotional und sozial zu entwickeln. Der Lohn der Anstrengung ist die altersgemäß ausgebildete kindliche Psyche und damit die schrittweise Befähigung des Kindes, später einmal als junger Erwachsener ein erfülltes und selbstständiges Leben führen zu können. Eventuell sich einstellende gute Tischmanieren sind nicht etwa das Ziel, sondern eine Folge dieser Entwicklung.

In der Welt der Bildungsideologen stellt sich die Beziehung zum Kind dagegen ganz anders dar. Auch sie setzen auf eine intensive Beziehung eines Lehrers zum Kind, aber in einer merkwürdig schizophrenen Form:

- Um die Kinder beim autonomen Lernen nicht zu stören, halten sich die Lehrer als »Lernbegleiter« im Hintergrund. Das ist nur konsequent, denn »autonom« heißt ja, dass das Kind ungebunden ist – also ohne Bindung zum Lehrer. Das Prinzip des autonomen Lernens schließt aus, dass der Lehrer aktiv in eine tragende, bindende Beziehung zu den Schülern tritt. Weder ungefragte Zuwendung noch ein Angebot an Orientierung sind vorgesehen.
- Gleichzeitig sollen Lehrer eine intensive Beziehung zum Kind aufbauen und so erreichen, dass sich die Kinder vertrauensvoll an sie wenden, wenn sie an ihren Lernstationen nicht weiterkommen. Hier ein Zitat aus der Materialiensammlung des Lehrerfortbildungsservers Baden-Württemberg:
»Was für das Lernen im Allgemeinen gilt, gilt verstärkt für die individuelle Förderung und Lernbegleitung. Sie ist gar nicht denkbar ohne eine gute Beziehung innerhalb der

Lerngruppe und zwischen Lehrperson und Lerngruppe. Von der Beziehungskompetenz von Lehrerinnen und Lehrern sind Unterrichtsklima, Lernumgebung und damit der individuelle Lernerfolg maßgeblich abhängig.«[10]

Lehrer sollen also Unmögliches leisten. Diesem Dilemma entziehen sich viele Lehrer, indem sie die Sparversion von Bindung und Beziehung anwenden: An die Stelle der orientierenden Beziehung ist das Erklären getreten.

Wenn eine Erzieherin einem Kindergartenkind nach dem Ausflug in den Garten sagt: »Zieh bitte Jacke und Gummistiefel aus!«, dann macht ein normal entwickelter Vier- oder Fünfjähriger das, weil er sich an der Erzieherin orientiert. Nicht, weil sie ihm erklärt: »Hier drinnen ist es viel zu warm für eine Jacke, und mit den Schuhen würdest du unseren Gruppenraum schmutzig machen.« Und wenn ein Lehrer von normal entwickelten Zweitklässlern abverlangt: »Lernt zu Hause die Siebener-Reihe im Kopfrechnen!«, dann machen das die Siebenjährigen für den Lehrer, weil sie mit ihm in einer Beziehung stehen und sich an ihm orientieren, und nicht, weil er ihnen erklärt: »Das Kopfrechnen gibt euch die Basis für komplexere mathematische Aufgaben, die ihr später mal lösen werdet.« So weit sind Grundschulkinder noch nicht, dass sie mit solchen Erklärungen etwas anfangen könnten. Eine Entwicklung der Psyche von Kindern ihres Alters und natürlich auch von Kindergartenkindern geschieht nie über das Verstehen – und entsprechend auch nicht dadurch, dass ihnen jemand etwas erklärt. Natürlich »schadet« das Erklären dem Kind nicht, aber wo erklärt wird, bleibt der Affekt und damit die Orientierung aus. Außerdem erwartet der Erwachsene, der einem Kindergarten- oder Grundschulkind etwas erklärt, dass es seine Ausführungen versteht. Wenn das Kind sich dann nicht entsprechend verhält, ist der Erwachsene enttäuscht oder sogar sauer – und das Kind weiß gar nicht, wie ihm geschieht.

Lernen durch Verstehen beginnt bei einem Kind mit altersgerechter Entwicklung ab einem Alter von 13, 14 Jahren. Dann erst verfügt das Kind über eine belastbare Basis, die ihm Einsicht, Reflexion und das Erkennen von Zusammenhängen ermöglicht. Ab 15, 16 Jahren ist die Fähigkeit, durch ein Gespräch mit anderen etwas zu lernen, gefestigt; bei einem Jugendlichen dieses Alters kann man teilweise schon von einem Erwachsenendenken sprechen.

Der Versuch, Kindergartenkinder und Grundschüler durch Reden und Erklären zu orientieren, muss also kläglich scheitern. Ein Beispiel: Der achtjährige Max kippelt im Unterricht auf seinem Stuhl herum. Seine Lehrerin sagt ihm: »Bitte hör auf zu kippeln.« Max macht weiter. An dieser Stelle müsste sofort eine Intervention stattfinden. Und zwar eine, die es Max unmöglich macht, sie nicht wahrzunehmen. Doch die Lehrerin versucht, Max die Sache zu erklären. »Wenn du kippelst, stört mich das. Außerdem will ich nicht, dass du hinfällst.« Max nickt und macht weiter – das Gesagte ist bei ihm zum einen Ohr hinein- und zum anderen wieder hinausgegangen. Nach weiteren Ermahnungen und Erklärungen holt die Lehrerin ihr schwerstes Geschütz raus: »Wenn du nicht mit dem Kippeln aufhörst, musst du zur Direktorin.« Wieder nur Gerede. Es passiert ja nichts. Für Max ist das, was die Lehrerin sagt, bedeutungslos. Irgendwann klingelt die Schulglocke und alle sind aus einer Situation erlöst, die nirgendwohin führt.

Ein weiteres Beispiel sind die Lärmampeln, die es in vielen Klassen gibt und die der Lehrer von Grün über Gelb nach Rot stellen kann. Die Aussage lautet: Wenn du so weitermachst, steht die Ampel irgendwann auf Rot. Doch damit beim Kind etwas ankommt, müsste er bei zu viel Krach im Klassenzimmer *umgehend* einen Affekt zeigen und so Orientierung bieten. Indem der Lehrer eine Ampel von Grün auf Gelb setzt, »erklärt« er nur: »Jetzt steht die Ampel noch auf Gelb, wenn ihr weiter so laut seid, setze ich sie auf Rot, und dann passiert etwas!«

In der Reformpädagogik gibt es den berühmten Satz Maria Montessoris, der das elementare Bedürfnis der Kinder auf den Punkt bringt: »Hilf mir, es selbst zu tun!« Der häufige Fehler heutiger Beziehungsgestaltung liegt darin, dass dieser Satz umgedeutet wird zu einer Aussage des Lehrers: »Frag mich, dann erkläre ich es dir.« Deshalb wird in Kindergarten und Schule den Kindern auf Teufel komm raus erklärt.

Für die Kindergartenkinder und Grundschüler ist das eine Katastrophe. Denn generell suchen sie nicht nur in der räumlichen Begrenzung Halt (das ist der Grund, warum sie sich so gerne gemütliche Höhlen aus Bettdecken und Ähnlichem bauen), sie suchen auch nach der persönlichen Begrenzung, also in der positiven oder auch negativen Reaktion der Erwachsenen. Sie brauchen keinen Partner, der ihnen auf Augenhöhe etwas erklärt, immer nur redet, aber nicht handelt. Sie profitieren von klar agierenden Erwachsenen, die ihnen aufzeigen, wo der Spielraum eines Kindes endet. Ein Pädagoge, der in eine orientierende Beziehung zum Kind geht, kündigt nicht ständig Konsequenzen an, sondern lässt die Schüler *erleben*, wie es ist, wenn sie etwas gut machen oder wenn sie Regeln nicht einhalten. Diese Regeln müssen überschaubar und klar sein. Sie werden natürlich nicht aus Lust und Laune gesetzt, sondern sie machen Unterricht und ein sozialverträgliches Miteinander in der Klasse erst möglich.

Leider ist die Bildungslandschaft dermaßen ideologisiert, dass derjenige, der klare Reaktionen zeigt und das Erkennen und Beachten von Regeln seitens der Kinder für normal und wünschenswert hält, sich geradezu automatisch der Kritik ausgesetzt sieht, er wolle aus Klassenzimmern Straflager machen. Ich kann mir nicht vorstellen, dass irgendjemand so ein Ziel verfolgen will. Die oft zu beobachtende Schwarz-Weiß-Denke – entweder unglückliche Kinder im Frontalunterricht oder Kinderparadies mit »offenem Unterricht«; entweder Rohrstock-Pädagogik oder totales Laissez-faire usw. – verhindert eine vernünftige Diskussion darüber, was für unsere Kinder am besten ist. Ich kann aus der Sicht der Psychoanalyse sagen, dass man einem Kind nur dann zur psychischen Entwicklung verhilft, wenn der Erwachsene es an die Hand nimmt und ihm sicht- und erfahrbare Reaktionen zeigt. Dann sind weder häufige Sanktionen nötig, noch rutschen die Kinder in die Beliebig- und Haltlosigkeit.

Die Realität sieht leider anders aus. In einem »offenen Unterricht«, in dem das Kind sich selbst bedient und der Lehrer übers Reden und Erklären nicht hinauskommt, wird Max weiter auf seinem Stuhl kippeln, ohne zu *erfahren*, dass es um ihn herum noch andere Menschen gibt, denen er mit seinem Verhalten auf die Nerven geht. Das ist schlimm, denn ohne Entwicklung der Psyche wird aus dem achtjährigen Max, der keine Ahnung davon hat, dass er nicht allein auf der Welt ist und über kein Sensorium für die Gefühle seiner Mitmenschen verfügt, der zwölf-, siebzehn- und zwanzigjährige Max, der in dieser Hinsicht keinen Schritt weitergekommen ist. Mir begegnen mittlerweile in meiner Praxis die ersten Erwachsenen, die dem Gesetz nach volljährig sind, von ihren emotionalen und sozialen Fähigkeiten her aber auf der Stufe eines eineinhalbjährigen Kleinkindes stehengeblieben sind.

Damit passiert auch noch etwas viel Grundlegenderes. Ohne Entwicklung der Psyche bleibt nicht nur das Verhalten, sondern auch das Weltbild von Kindergartenkindern und Schülern auf der Stufe eines Kleinkindes stecken. Wie kann das sein? In der Beziehung zu orientierenden Erwachsenen macht das Kind die Erfahrung: Ich kann nicht alles, Mama und Papa wissen mehr als ich, der Lehrer weiß mehr als ich, und ich muss vieles noch lernen. Wenn es wieder einmal etwas geschafft hat, was es vorher nicht konnte, erlebt es ein enormes Glückgefühl. Lobt es der Lehrer dann auch noch, erfährt das Kind dieses herrliche Gefühl doppelt intensiv.

Mit dem Lernansatz, der heute gepredigt wird, sieht die Sache allerdings ganz anders aus. In Kindergarten und Grundschule wird den Kindern laufend bestätigt: »Du kannst dir alles selbst beibringen, musst dich nicht anstrengen, um etwas zu erreichen, kannst machen, was dir Spaß macht.« Entsprechend formt sich das Weltbild der Kinder: »Ich brauche niemanden, kann alles selbst steuern und bestimmen.« Dies ist exakt das Weltbild, das dem psychischen Entwicklungsstand eines Kleinkindes entspricht. Ein einjähriges Kind versteht noch nicht, dass es die Erwachsenen braucht. In seinem Alter denkt es: »Es fliegt mir alles zu.« Seine Erfahrungen bestätigen ihn: Wenn es Hunger hat, wird es gefüttert; wenn die Hose unangenehm nass ist, wird es gewickelt, und wenn es schreit, hat es die Aufmerksamkeit und Zuwendung der Erwachsenen. Sein Weltbild entspricht also perfekt der Welt, in der es lebt.

Und bei den Sechs- bis Zehnjährigen, die auf der Stufe von »Ich brauche niemanden, ich kann alles selbst steuern und bestimmen« stehengeblieben sind? Da ist es genauso! Ihr eigentlich auf Kleinkinder zugeschnittenes Weltbild passt nahtlos in die Umgebung, in die sie als

Grundschüler gesteckt werden. Es hat sich für sie nichts geändert, eine Entwicklung hat nicht stattgefunden. So wie immer fliegt ihnen alles zu.[2] Kein Wunder, ihnen wird ja in Kindergarten und Grundschule ein Umfeld bereitet, das in keinem Widerspruch zu ihrem Weltbild steht. Ein typischer Treiber dieser Ich-kann-schon-alles-Weltsicht ist die im vorangegangenen Kapitel beschriebene Lesen-durch-Schreiben-Methode. Sie passt perfekt in das Biotop der Nicht-Entwicklung, das viele Schulen heute darstellen. »Lesen durch Schreiben« fordert explizit keine Anstrengung, keine Anpassung an Regeln, kein Üben. All dies wäre nötig, um die nächsten Schritte in der psychischen Entwicklung zu bewältigen. Stattdessen gaukelt diese Methode den Kindern vor, sie könnten von Anfang an »toll schreiben«. Mit dieser Selbsteinschätzung liegen die Kinder natürlich weit von der Realität entfernt. Das böse Erwachen kommt erst später – allerdings nicht für die Kinder, denn als »Einjährige« verstehen sie gar nicht, dass ihnen etwas fehlt, sondern für die Eltern, die erkennen müssen, dass ihre Kinder im Leben nicht klarkommen.

Dass den Kindern in Kindergarten und Schule jede Entwicklungsmöglichkeit vorenthalten wird, ist unterlassene Hilfeleistung. Sie haben niemanden mehr, an den sie sich halten können und der ihnen Sicherheit und Halt gibt. Sie werden von Erwachsenen, die ihnen wie im Wahn einreden, sie könnten bereits alles und bräuchten niemanden, getäuscht und um ihre Zukunft betrogen. Als ewige Kleinkinder haben sie keine Chance.

---

2 Wenn die Eltern Druck machen, artet »offener Unterricht« für die Kinder allerdings in Stress aus – dies ist ein Thema des 7. Kapitels.

Fazit:

Die heutige Bildungspolitik verordnet Kindern einen »offenen Unterricht«, in dem Erzieher und Lehrer nicht mehr als Bezugspersonen, sondern nur noch als Lernbegleiter agieren sollen. Das Bedürfnis des Kindes nach Orientierung und Bindung läuft ins Leere. Dazu kommt die Vorstellung, man könne Kindergarten- und Grundschulkindern die Welt übers Reden und Erklären begreiflich machen. Doch die Grundvoraussetzung des Lernens, die Entwicklung der Psyche, geschieht allein über Bindung und Orientierung der Kinder. Ohne diese Grundvoraussetzungen jeder Pädagogik kann keine Entwicklung der kindlichen Psyche stattfinden, durch das heute an Schulen vorgeschriebene »autonome Lernen« wird sie sogar aktiv verhindert.

Kapitel 3
DER GROSSE KOMPETENZEN-IRRTUM

Wenn die Leistung von Fußballclubs gemessen werden soll, ist das aus Sicht der Zuschauer eine einfache Sache. Man muss die Spielergebnisse kennen, mehr nicht. Kein Fanclub würde auf die Idee kommen, für seinen Verein einen höheren Tabellenplatz zu verlangen als der Punktestand hergibt, nur weil die Mannschaft viele Torchancen hatte oder weil sie »so schön gespielt hat«. Alle sind sich einig: Nur Tore zählen.

Diese Eindeutigkeit ist im Leben die absolute Ausnahme. Das zeigen schon die vielen Ranking-Portale im Internet, die Restaurants, Zahnärzte, Parkhäuser, Universitäten usw. vergleichen. Die Bewertung ist prinzipiell ungenau und ungerecht. Schon allein die Auswahl der Faktoren, die als Leistungsmaßstab dienen sollen, und deren Gewichtung sind willkürlich und nahezu beliebig manipulierbar. Man kann zwar eine Aussage darüber treffen, ob ein Restaurant eher zu den besseren oder zu den schlechteren gehört. Aber für eine objektive Aussage lassen sich zu viele Kriterien einfach nicht in ein Raster quetschen. Der Geschmack einer Vorspeise oder die Atmosphäre im Raum lassen sich nun mal nicht mit Punkten, Sternen oder Smileys bewerten. Ich finde das eigentlich sehr beruhigend, denn genau diese Unschärfe sorgt für Vielfalt und macht einen großen Teil unserer Freiheit aus.

Die Kultusministerkonferenz (KMK) legte 1997 im »Konstanzer Beschluss« fest, dass künftig die Leistungen deutscher Schüler systematisch überprüft und national und international verglichen werden sollen. Eine »KMK Amtschefskommission Qualitätssicherung in Schulen«

wurde beauftragt, diese Vorhaben länderübergreifend in die Wege zu leiten. Die Aufgabe war überaus komplex: Wie misst man den Bildungsstand von Kindern? Und wie gewährleistet man die Vergleichbarkeit der Ergebnisse? Bevor allerdings ein für alle Schulen und alle Bundesländer gleichermaßen anwendbares Bewertungssystem kreiert werden konnte, musste erst einmal geklärt werden: Was ist überhaupt das Ziel von Bildung? Nur wenn bei der Antwort auf diese Frage Konsens herrscht, kann im Einzelnen abgeklärt werden, wie weit dieses Ziel von den einzelnen Schülern erreicht wird.

Naheliegend war das humboldtsche Bildungsideal, das tief in der Kultur des deutschsprachigen Raums verwurzelt ist: Im Geist des Humanismus und der Aufklärung verstand Wilhelm von Humboldt eine umfassende Bildung der Kinder als Fundament, aus dem heraus sich ihre Urteilskraft und ihre Persönlichkeit entwickeln können. Humboldt hat es im Dezember 1809 in einem Bericht an König Friedrich Wilhelm III. so ausgedrückt:

»Es gibt schlechterdings gewisse Kenntnisse, die allgemein sein müssen, und noch mehr eine gewisse Bildung der Gesinnungen und des Charakters, die keinem fehlen darf. Jeder ist offenbar nur dann ein guter Handwerker, Kaufmann, Soldat und Geschäftsmann, wenn er an sich und ohne Hinsicht auf seinen besonderen Beruf ein guter, anständiger, seinem Stande nach aufgeklärter Mensch und Bürger ist. Gibt ihm der Schulunterricht, was hierfür erforderlich ist, so erwirbt er die besondere Fähigkeit seines Berufs nachher so leicht und behält immer die Freiheit, wie im Leben so oft geschieht, von einem zum andern überzugehen.«

Bildung dient im humboldtschen Sinne also der Entwicklung des Kindes zu einem mündigen Erwachsenen, der für sich selbst einstehen kann und auch das Gemeinwohl im Auge hat. Diese Reise des Kindes zum Erwachsenen entspricht in der Sprache der Entwicklungspsychologie der Entwicklung der Psyche. Bei vorhandenen Entwicklungschancen verfügt das Kind über immer mehr Bildung, je älter es wird, so kann das Besondere an ihm immer stärker zum Vorschein kommen, seine Individualität, seine Talente. Aus dem absolutistischen Staat, in dem Wilhelm von Humboldt noch lebte, ist längst eine Demokratie geworden – umso wichtiger ist heute das Bildungsziel des mündigen, kritischen Bürgers.

Das Problem an dieser Auffassung von Bildung: Es ist nicht möglich, sie *en bloc* zu messen und zu überprüfen. Auch der Versuch, die Gesamt-Bildung der Schüler anhand ihrer Lebensleistung als Erwachsene auszudrücken, muss scheitern. Denn woran soll man Lebensleistung festmachen? Am Einkommen? Das wäre wohl etwas kurz gegriffen. Am subjektiv wahrgenommenen Lebensglück? Am Beitrag zur Gesellschaft? Jeder Parameter, der die Gesamt-Bildung messen soll, entzieht sich der genauen Bestimmung.

Also musste Bildung auf messbare Bildungsstandards heruntergebrochen werden; der Konstanzer Beschluss hatte schon die Richtung gewiesen: Die Vergleichsstudien sollten vorrangig auf die Entwicklung grundlegender Kompetenzen ausgerichtet werden. Doch nach dem Startschuss von 1997 ging es offensichtlich nicht so recht voran mit dem Projekt. Das lag wohl auch am deutschen Föderalismus, der jedem Bundesland seine eigene Schulpolitik zuspricht. Erst als 2001 die unerwartet schlechten Ergebnisse von PISA veröffentlicht wurden, wendete sich das Blatt. Aus heutiger Sicht kann man sich über den völlig übertriebenen medialen Hype nur wundern, der damals um das als Totalversagen der Schulen wahrgenommene PISA-Ergebnis gemacht wurde. Doch genau diese Panik machte den Weg frei für eine rasend schnelle Dynamik, die den gewünschten Katalog an Bildungszielen hervorbrachte. Diese umfassten zwar nur einen Teil des Gesamtpakets »Bildung«, dafür waren sie leicht mess- und überprüfbar.

- Im Dezember 2001 waren die PISA-Ergebnisse veröffentlicht worden. Im Mai 2002 bekräftigte die Kultusministerkonferenz (KMK) noch einmal ihren Beschluss von 1997:
  »Die Kultusministerkonferenz begrüßt die intensiven Arbeiten der Länder an Bildungsstandards und beauftragt die Amtschefskommission »Qualitätssicherung«, die eingeleiteten Maßnahmen zu koordinieren und dem Plenum Vorschläge für eine Vereinbarung über gemeinsame Bildungsstandards an ausgewählten Schnittstellen der allgemeinbildenden Schularten vorzulegen.«[11]
- Schon neun Monate später, im Februar 2003, legten die Bildungsexperten ihr Kompetenzmodell vor.
- Ende 2003 und im Folgejahr 2004 verabschiedete die KMK die für alle Bundesländer geltenden Bildungsstandards für die vierte Klasse der Grundschule, für den Hauptschulabschluss und für den mittleren Bildungsabschluss.
- 2004 gründete die KMK das Institut zur Qualitätsentwicklung im Bildungswesen (IQB). Als wissenschaftliche Einrichtung der Länder entwickelt es nationale Bildungsstandards und überprüft deren Einhaltung. Kaum jemand hatte diesen Coup in einem Umfeld, in dem jedes Bundesland eifersüchtig auf seine Kulturhoheit achtet, für möglich gehalten.
- 2006 bündelte die KMK alle bisherigen Maßnahmen in der »Gesamtstrategie zum Bildungsmonitoring«.

Damit war endgültig die Bildungspolitik auf Bundesebene gestärkt und auf Landesebene geschwächt worden – und das Lernen nach Kompetenzen zum Standard geworden.

In nur wenigen Jahren war die gesamte Bildungslandschaft auf Standardmaß eingeebnet worden. Der eigentliche Geniestreich der Bildungsfunktionäre war aber, dass sie ab 2003 ein verbindliches System einführten, in dem ein und dieselbe Sache gleichzeitig Bildungsziel und Maßeinheit für Bildungsfortschritte war: die sogenannte Kompetenz. Bildung wurde in winzigste Bildungssplitter in Form von eindeutig mess- und bewertbaren Kompetenzen und Teilkompetenzen zerlegt. Die Materialiensammlung des Lehrer(innen)-fortbildungsservers Baden-Württemberg nennt folgendes Beispiel[12]:

»Wenn die Schülerinnen und Schüler beispielsweise den zentralen christlichen Festen die Ursprungsgeschichten zuordnen können (Standards 5/6) sollen, müssen sie über folgende Teilkompetenzen verfügen:
- *Sie kennen die wesentlichen christlichen Feste.*
- *Sie kennen die Ursprungsgeschichten.*
- *Sie können Ursprungsgeschichten und christliche Feste in Verbindung bringen.*
- *Sie können Feste und die jeweiligen Ursprungsgeschichten zusammenhängend darstellen.«*

Wenn das Kind (in diesem Fall Elf- und Zwölfjährige der Klassen 5 und 6) also feststellt, dass es schon einmal etwas von Ostern, Weihnachten und Pfingsten gehört hat, Jesu Geburt und seine Auferstehung nicht miteinander verwechselt und in der Lerngruppe darüber sprechen kann, kreuzt es auf seinem Arbeitsblatt die entsprechenden Smileys an. Bei genügend lachenden Gesichtern kann es den Komplex »Feiertage« auf seinem Wochenplan abhaken. Wir dürfen ja nicht vergessen: Seine Kompetenzen erwirbt sich das Kind in Eigenregie, der Lehrer ist nur am Rande beteiligt.

Ich fasse noch einmal zusammen: Von der humboldtschen Bildung haben die Bildungsexperten Span um Span in Form von sogenannten Kompetenzen abgehobelt und legen sie den Kindern vor. Die Kinder bedienen sich an dem Haufen Späne und können dann im besten Fall von sich sagen: »Ich weiß dies« und »Ich kann jenes«. Doch Bildung ist mehr als die Summe dieser Art von Kompetenzen. Und Wissen und Können sind noch lange kein Verstehen. Feiertage tragen dazu bei, Menschen kulturell in der Gesellschaft zu verorten; mit ihnen ist Geschichte verbunden, Erlebnisse, Wünsche und Erwartungen sind mit ihnen verknüpft. Das alles kann ein Kind in der Gemeinschaft mit Lehrern und Eltern erfahren, miterleben und verinnerlichen. Wird jedoch die Bedeutung von Feiertagen auf Kompetenzen wie die oben genannten reduziert, fällt das angeeignete »Wissen« und »Können« auf unfruchtbaren Boden. Beides verbindet sich nicht mit dem Weltbild des Kindes, bleibt isoliert und wird deshalb bald wieder vergessen.

Schuld daran ist ein grundlegender Fehler im System: Was heute im schulischen Bereich »Kompetenz« genannt wird, ist gar keine Kompetenz im herkömmlichen Sinne! Wenn Wissenschaftler von Kompetenzen sprechen, meinen sie Fähigkeiten, die durch ausreichendes Wiederholen zuverlässig eingeübt sind. Wenn ein Kind in den ersten Schulklassen jahrelang das Schreiben einübt, dann entwickelt es mit der Zeit eine Schreib-Kompetenz. Das bedeutet:

- Es hat aufmerksam dem Lehrer zugehört.
- Es hat seine Graphomotorik, eine Höchstleistung der Feinmotorik, geschult.
- Es hat seine Arbeitshaltung weiterentwickelt, indem es viele, viele Heftseiten mit Buchstaben, Wörtern und Sätzen gefüllt hat.
- Es hat seine Frustrationstoleranz verbessert, weil es damit zurechtkommen musste, wenn ihm ein Buchstabe misslang. Außerdem musste es auch dann üben, wenn es eigentlich gar keine Lust dazu hatte.
- Es hat eine innere Instanz gebildet, die das Geschriebene überprüft. Das Kind überlegt: »Habe ich das richtig geschrieben? Ist der Buchstabe krumm und schief, oder sieht er aus wie der im Buch?«

So wie alle echten Kompetenzen braucht auch die Schreib-Kompetenz die Wechselwirkung mit einer sich entwickelnden beziehungsweise einer entwickelten Psyche. Isoliert sind echte Kompetenzen gar nicht zu erzielen. Es gehört immer das geduldige Einüben eines ganzen Bündels von Fähigkeiten dazu, damit diese es vom Kurzzeit- ins Langzeitgedächtnis und damit zur Kompetenz schaffen. Es braucht viel Ausdauer, bis das Kind, ohne lange nachzudenken, flüssig schreiben und so seinen Gedanken Ausdruck verleihen kann.

Was aber heute Kompetenz genannt wird, ist etwas ganz anderes. Um beim Beispiel des Schreibens zu bleiben: Das Kind kann Buchstaben für Buchstaben abrufen und aufs Papier bringen, aber nur dann, wenn es Lust dazu hat. Von der echten Schreibkompetenz ist das so weit entfernt wie Kind A, das einen Ball »Ball« nennen kann, von Kind B, das in einem Fußballverein zusammen mit Freunden begeistert ein Fußballturnier bestreitet, gekonnt dribbelt, sich über geschossene Tore seiner

Mannschaft freut und auch eine Niederlage wegstecken kann.

Der ursprüngliche Kompetenzbegriff wurde von den Bildungsexperten gekapert und in eine leere Hülle umgewandelt. Aus 30-mal Üben ist 1-mal Smiley-Abhaken geworden. Diese heute an die Kinder herangetragenen sogenannten Kompetenzen beziehen sich allein auf »Können« und »Wissen«, die für sich genommen gar keine Kompetenzen sind. Es sind Fähigkeiten, die völlig losgelöst sind von einer – oft noch nicht einmal entwickelten – emotional-sozialen Psyche und deshalb nur kurzfristig existieren. Der neue Kompetenzbegriff täuscht geschickt darüber hinweg, dass gar nicht mehr die gesamte Bildung im Fokus ist, sondern nur ein kläglicher Ausschnitt.

Fähigkeiten (also Kompetenzen in ihrer ursprünglichen Bedeutung) kann man messen. Das mache ich jeden Tag in meiner Praxis. Ich schaue zum Beispiel: Ist das Kind sozial kompetent? Kann es sich in andere einfühlen? Die Methodik ist aufwendig und es braucht dazu das Fachwissen eines Psychologen oder Psychiaters. Jedes Schulkind in Deutschland so zu testen wäre vom Aufwand her gar nicht möglich. Da kommt die Pseudo-Kompetenz den Bildungs-Controllern viel mehr entgegen: Die können sogar Grundschüler selbst bestimmen. Wenn auf seinem Arbeitsblatt unten steht: »Kennst du die Feste und ihre jeweiligen Ursprungsgeschichten?«, müssen sie nur Smileys ankreuzen: »kenne ich«, »kenne ich so mittel«, »kenne ich nicht«.

Natürlich wollen auch die Befürworter des »offenen und kompetenzorientierten Unterrichts«, dass das Kind Zusammenhänge erkennt und Verknüpfungen herstellt. Das fächerübergreifende Lernen soll diese Prozesse noch einmal anfeuern. Doch im Grunde bleibt es bei dem Ziel, dass das Kind am Ende einer Lerneinheit »Ich kann« sagt. Die Qualitäts- und Unterstützungsagentur QUA-LIS, die das Ministerium für Schule und Bildung in NRW unterstützt, drückt es so aus:

»Eine Transparenz über die Lernziele bietet beispielsweise ein Kompetenzraster, das auf unterschiedlichen Lernstufen sehr anschaulich durch ›Ich-kann-Formulierungen‹ beschreibt, welche Kompetenzen in einem Fach in verschiedenen Kompetenzbereichen erlernt werden können.«[13]

Der Effekt dieser »Ich kann«-Agenda: Die Schüler beschäftigen sich rein funktional mit den Materialien, klauben Kompetenz-Späne zusammen, ohne dass das Gelernte ihr Weltbild erweitern würde. Sie schaffen es, in einem Text Verben zu unterstreichen, und sie können auch markieren, wann ein Punkt und wann ein Absatz kommt. Aber den Sinn einer Geschichte erfassen sie deshalb nicht. Das bräuchte, wie schon mehrfach betont, die Beziehung zu einem Erwachsenen. Alles bleibt an der Oberfläche, nichts geht in die Tiefe. Denn ohne Humus kann Erlebtes und Erfahrenes keine Wurzeln schlagen. Dieser Humus ist die sich entwickelnde Psyche, die das Kind zu einem wahrhaft gebildeten Menschen werden lässt.

Dass jene Anteile von Bildung, die sich in Wissen und Können ausdrücken und messbar sind, in einzelne Kompetenzen zergliedert werden, die dann, sozusagen im Kind wieder zusammengesetzt, das Gesamtpaket Bildung ergeben sollen, erinnert mich ein wenig an das in Großküchen verwendete Stangen-Ei. Weil man fürs Frühstücksbuffet schön gleichmäßige Ei-Scheiben haben möchte, werden viele Dutzend frische Eier in Eigelb und Eiweiß getrennt, trickreich so in Schläuche gepackt, dass sich innen das Eigelb und außen das Eiweiß befindet, und dann gekocht. Heraus kommt das Stangen-Ei in Wurst-Form, jede Scheibe perfekt mit Eigelb und Eiweiß-Rand. Nur mit dem Unterschied, dass in der Bildungs-Wurst ein wesentlicher Teil des ursprünglichen Eies – das Nicht-Messbare – fehlt. Dafür sind die Scheiben, die sich aus ihr schneiden lassen, alle schön gleichmäßig groß und praktisch handzuhaben.

Was ich besonders tragisch finde: Freiheit der Gedanken und Phantasie müssen sich bei der Arbeit mit Lernkarten und Arbeitsblättern – »Erzähle! Zeichne ein! Überlege dir!« – an das vorgegebene Kompetenzraster halten. Kinder werden auch nicht mehr als Menschen im Wachstum gesehen, sondern nach der Summe der erworbenen Kompetenzen und denen, die noch fehlen, beurteilt. Schlimmer noch: Die Kinder beurteilen sich selbst anhand ihres Kompetenz-Status. Und zwar täglich. Jeden Tag werden sie zu einer Bestandsaufnahme aufgefordert: »Was kann ich? Was kann ich abhaken? Was muss ich noch machen?« Das kommt einer Dressur der Kinder viel näher, als es jeder autoritäre Frontalunterricht der Fünfzigerjahre hätte schaffen können.

Wo bin ich sicher, wo muss ich lernen oder üben?			
Themenschwerpunkt	Sehr gut	Teilweise	Gar nicht
(1) Z.B. Ich verstehe, was ich lese.	☺	😐	☹
(2)	☺	😐	☹
(3)	☺	😐	☹
(4)	☺	😐	☹

Ein Beispiel dafür, wie ein Kontrollbogen zur Eigeneinschätzung des Lernerfolgs aussieht.

Insgesamt hat sich im Bildungssystem ein wahrer Mess- und Optimierungswahn breitgemacht. Welcher Bildungs-»Output« in der Schule herauskommt, wird engmaschig durch vom Staat beauftragte Bildungsinstitute überprüft. Hier ein Ausschnitt aus der Liste der Erhebungen, die dem Bildungsmonitoring und der Schulevaluation dienen.

TIMSS (Trends in International Mathematics and Science Study) – in Deutschland wird dieser internationale Vergleich seit 1995 alle vier Jahre durchgeführt; seit 2007 werden einheitlich die vierten und die achten Klassen unter die Lupe genommen. Die Vermutung liegt nahe, dass die Ergebnisse der ersten TIMSS-Studie, die 1997 veröffentlicht wurden, der Auslöser für den Konstanzer Beschluss der KMK gewesen sind.

VERA (Standardisierte Vergleichsarbeiten) – jeder Schüler der dritten (VERA 3) beziehungsweise achten Klasse (VERA 8) wird in mindestens einem Fach geprüft.

PISA – der alle drei Jahre stattfindende Vergleich prüft weltweit und mit wechselnden Schwerpunkten die Kompetenzen der 15-Jährigen. 2018 waren ca. 80 Länder an der Studie beteiligt.
IQB-Ländervergleich – Das »Institut zur Qualitätsentwicklung im Bildungswesen« überprüft zentral, ob die Bundesländer die vorgegebenen Bildungsstandards erreichen. Geprüft werden Schüler der vierten und neunten Klassen.

Dazu kommen weitere Bildungs-Messprogramme, die sich zum Beispiel nur auf bestimmte Fächer beziehen, wie etwa DESI (Deutsch-Englisch-Schülerleistungen International) und PIRLS (Progress in International Reading Literacy Study), das unter dem Namen IGLU (Internationale Grundschul-Lese-Untersuchung) seit 2001 auch in Deutschland das Leseverständnis der Viertklässler untersucht. Innerhalb weniger Jahre

- schossen Institute zur Bildungsforschung wie Pilze aus dem Boden, die ein umfassendes Überwachungssystem für Schulen, Lehrer und Schüler installierten,
- mutierten vormals eigenständige Schulen zu Dienstleistern, denen Gelder gestrichen werden, wenn sie die Bildungsstandards nicht erfüllen,
- wurden Lehrer zu Lernbegleitern degradiert und ihre individuelle Gestaltung der Schulstunden von Lernstandards abgelöst,
- wurde Pädagogik von der »Autagogik«, der Wissenschaft des selbstkompetenten Lernens, verdrängt.

Die tiefgreifendste von allen Entwicklungen ist aber, dass die Bedürfnisse der Kinder nicht mehr gesehen werden. Sie werden mit Kompetenzen gefüttert wie Computer mit Algorithmen, doch was sie von uns Erwachsenen eigentlich brauchen, liebevolle Zuwendung und eine einfühlsame Hinführung zur Welt, bekommen sie nicht.

Ein Beispiel dafür, was die Fixierung auf Kompetenzen anrichten kann, ist die frühe sexuelle Aufklärung in der Schule, die in den vergangenen Jahren so viel Furore machte. Sexualkundeunterricht in der Grundschule gibt es schon seit vielen Jahrzehnten, Ziel war eine kindgerechte Aufklärung über körperliche Vorgänge, die der Lebenswelt des Kindes und seinen Fragen entsprach: »Wo kommen die Babys her?« Dass aber Kindern sexuelle Praktiken in aller Deutlichkeit erklärt werden, ist neu – und der Vorstellung geschuldet, dass Kinder »kompetent« sein müssten. In den Richtlinien für die Sexualerziehung in Nordrhein-Westfalen heißt es zum Beispiel:

»Bis zum Ende der Primarstufe sollen die Kinder in altersgerechter, ihrem Verständnis angemessener Form mit den inhaltlichen Aussagen zu ›Beziehungen und Sexualität‹, ›Geschlechterrollen‹, ›Familie und andere Formen des Zusammenlebens‹, ›Körper und Sexualität‹ und ›sexueller Missbrauch‹ vertraut gemacht sein.«[14]

Aber: All diese Themen sind eben *nicht* altersgerecht! Denn Sexualität ist noch gar kein Teil der Lebenswelt von Grundschülern. So manche Schule ist weit über das Ziel hinausgeschossen und ließ sexuelle Praktiken in aller Ausführlichkeit erklären. Niemand fragt sich, ob es einen Achtjährigen weiterbringt, wenn er weiß, was Analverkehr ist. Oder ob es Sinn macht, wenn Zwölfjährige mit Sadomasochismus und den Vorgängen in Darkrooms konfrontiert werden, wie es in bestimmten Lehrmaterialien vorgesehen ist, die in Zusammenhang mit einem bundesweiten Antidiskriminierungsprojekt stehen und die unter anderem vom nordrheinwestfälischen Schulministerium empfohlen und gefördert wurden.[15] Der immense Schaden, der auf diese Weise angerichtet wird, wird von den Verantwortlichen nicht gesehen. Ganz im Gegenteil: Lehrer und Eltern, die sich kritisch äußern, werden umgehend als autoritär und reaktionär diffamiert.

Es stimmt: Kinder werden heute schon früh sexualisiert, meist dadurch, dass ältere Kinder ihnen auf ihren Smartphones Pornosequenzen zeigen. Doch dies ist eine rein funktional entdeckte Sexualität. Es würde helfen, Kindern und Jugendlichen den Zugang zu entsprechenden Medien zu entziehen. Was ganz sicher nicht hilft: den Vorhang, durch den die jüngeren Kinder hin und wieder hindurchlinsen, weil sie den Älteren nacheifern wollen, gleich ganz zur Seite zu reißen. Selbst 14- bis 16-Jährige sollten nicht über sexuelle Praktiken aufgeklärt werden. Sie sind viel seltener mit Geschlechtsverkehr konfrontiert, als die Medien vorgaukeln. Mit 15 Jahren haben erst 19 Prozent der Jugendlichen entsprechende Erfahrungen gemacht, selbst mit 18 Jahren hat ein knappes Drittel noch keinen Sex gehabt.[16] Versuche, Jugendliche »aufzuklären«, lösen so wie bei Grundschülern fast immer nur Schamgefühle aus. Man beschneidet sie auch in ihrer Möglichkeit, eigene Erfahrungen zu sammeln und sich selbst und ihr Gegenüber auf diesem Feld, das ja doch viel mehr ist als eine rein funktionale Beschäftigung, zu entdecken. Sinnvoll kann es dagegen sein, Mädchen und Jungen rechtzeitig über Menstruation und Verhütungsmöglichkeiten aufzuklären; denn darauf, dass dies im Elternhaus geschieht, kann sich die Schule nicht verlassen. Aber bitte nicht schon in der Grundschule!

Auch die Vorstellung, Grundschüler im Alter bis zu zehn Jahren könnten durch Sexualkundeunterricht Gefahrensituationen besser erkennen oder tolerant gegenüber allen sexuellen Orientierungen werden, geht völlig an der Realität vorbei. Denn Toleranz, Respekt, Sich-Einfühlen in Andere und das sichere Einschätzen von sexuell aufgeladenen Situationen ist nur möglich, wenn sich die Psyche bereits bis zu einer bestimmten Stufe entwickelt hat. Das »Betriebssystem« von Grundschülern ist einfach noch nicht so weit.

Frau D. unterrichtet fünfte Klassen an einem Gymnasium. Wenn die Grundschüler zu ihr in die weiterführende Schule kommen, sieht sie, was der kompetenzorientierte Unterricht der ersten vier Schuljahre angerichtet hat. Eigentlich müsste auch sie ihren Schülern Kompetenzen vermitteln, doch Frau D. hat sich für einen anderen Weg entschieden.

MW: Welche Erfahrungen haben Sie mit kompetenzorientiertem Unterricht gemacht?
AD: Die Fähigkeiten, über die Zehnjährige nach vier Jahren kompetenzorientierter Grundschule verfügen, sind leider sehr überschaubar. Den meisten Kindern fehlt es an den kulturellen Grundlagen Rechnen, Schreiben und Lesen. Auch motorische Basisfähigkeiten sind nur wenig entwickelt. Die meisten von ihnen schreiben nicht flüssig, sondern sie *malen* einzelne Buchstaben. Und das nach vier Jahren Schule! Sie haben auch kein schlüssiges Bild von der Welt, mit dem Vernetzen von Wissen hapert es; all ihre einzelnen Kompetenzen fügen sich nicht zusammen. In vielen Dingen, die Zehnjährige eigentlich schon gecheckt haben müssten, fehlt ihnen der Durchblick. Es ist also nicht viel da, worauf ich aufbauen könnte.
Selbst das Positive hat einen bitteren Beigeschmack: Kinder können heute besser als früher in Gruppen arbeiten und haben weniger Hemmungen, ein Referat zu halten oder

ein Projekt vorzustellen. Leider können sie nicht zwischen einem wertvollen Beitrag zum Unterricht und undurchdachtem Unfug unterscheiden. Sie diskutieren sofort los, auch wenn sie gar nicht wissen, worum es eigentlich geht. Ihr Selbstbewusstsein hat keine Basis.

MW: Von kompetenzorientiertem Unterricht halten Sie also nicht viel.
AD: Nein. Jedem, der mit Kindern zu tun hat, müsste klar sein, dass Kinder Erwachsene brauchen, um Lernfortschritte zu erzielen. Um das zu erkennen, muss man keine pädagogische Ausbildung haben, da hätte schon meine Erfahrung als Mutter von vier Kindern gereicht. Trotzdem wurden autonomes Lernen und Kompetenzorientierung rasend schnell und über die Köpfe von Eltern und Lehrern hinweg eingeführt – ohne jeden Beleg für einen positiven Effekt auf die Schüler und Schülerinnen.

MW: Eigentlich müssten Sie in der Sekundarstufe I kompetenzorientiertes Lernen anbieten.
AD: Mir bleibt nichts anderes übrig, als diese Vorgabe zu ignorieren. Nicht nur, weil der Unterricht sonst noch viel chaotischer wäre, als er sowieso schon ist. Sondern auch, weil ich nicht mitansehen will, dass die Kinder später im Leben scheitern. Es braucht aber sehr viel Selbstsicherheit und Klarheit, um nach Jahren nicht doch klein beizugeben und sich ein- und unterzuordnen.

MW: Können Sie mit Ihren Kollegen offen über Ihren Widerstand reden?
AD: Ich habe das große Glück, dass sich in dieser Sache fast das gesamte Kollegium meiner Schule einig ist – ich weiß gar nicht, ob ich als Einzelkämpferin durchhalten könnte. Als wir vor Jahren zum ersten Mal eine Fortbildung zum

Thema Kompetenzorientierung hatten, war der Referent Feuer und Flamme, als er von Lernhäppchen, viel Freiarbeit, kaum kontrollierten Wochenarbeitsplänen usw. sprach. Noch während wir ihm zuhörten, war uns völlig klar, dass dieser Ansatz nicht funktionieren würde. Also haben wir einfach weitergemacht wie bisher.
Ich wollte nie jemand sein, der sich dem Neuen verschließt. Dass Schulen so schwerfällig sind wie Tanker auf hoher See, finde ich eigentlich schrecklich. Doch genau dieses enorm hohe Beharrungsvermögen hat dafür gesorgt, dass es trotz aller Anstrengungen seitens der Kultusministerien immer noch Lehrer gibt, die nach der bewährten und kindgerechten, lehrerzentrierten Methode unterrichten. Das hat Teile der Schülergenerationen seit 2001 vor dem Allerschlimmsten bewahrt. Oft sind das Lehrer mit jahrzehntelanger Berufserfahrung, so wie ich, aber auch so mancher junge Kollege ist dabei.

MW: Werden Ihre Unterrichtsmethoden nicht von Zeit zu Zeit geprüft?
AD: Persönlich geprüft wird man nur als Referendar, bei der Verbeamtung oder wenn man befördert werden will, zum Beispiel vom Studienrat zum Oberstudienrat. Was aber immer wieder evaluiert wird, ist das Schulprogramm. Bei uns in NRW ziehen vier- bis fünfköpfige Trupps durch die Lande, die anhand eines Riesen-Katalogs eine Qualitätsanalyse machen. Vor sechs Jahren war meine Schule dran; bestimmt stehen wir bald wieder auf der Liste.

MW: Wie lief das ab, als die Prüfer kamen?
AD: Die Prüfer kündigten sich in der Schule an, damit die Unterlagen parat lagen. Es dauerte einige Tage, bis sie in Zweier-Teams bei allen 70 Kollegen jeweils eine halbe Unterrichtsstunde lang hospitiert hatten. Bei mir kamen die Prüfer

unangekündigt in einer zweiten Unterrichtsstundenhälfte. Plötzlich ging die Tür auf, die beiden setzten sich hinten in die Klasse und machten Kreuzchen in ihre Unterlagen. Ich habe mich nicht aus dem Konzept bringen lassen und meine Schüler auch nicht. Ich bezweifle, dass man sich in 22,5 Minuten ein Bild machen kann. Dass ich lehrerzentrierten Unterricht mache, wurde jedenfalls nicht beanstandet.

MW: Bekamen Sie denn die Ergebnisse zu sehen?
AD: Für uns Lehrer ist keine individuelle Rückmeldung vorgesehen, nur die Schule als Ganzes bekommt eine Bewertung. Und da haben wir gut abgeschnitten. Bei der Schulleitung konnte ich die Ergebnisse teilweise einsehen. Mein Unterricht war offenbar in Ordnung gewesen, nur bei der Vorgabe, dass Schüler sich auch gegenseitig kontrollieren sollen, hat meine Klasse »geschwächelt«.

MW: Was können Eltern machen, die für ihr Kind einen lehrerzentrierten Unterricht wünschen?
AD: Viel ist da leider nicht möglich, die Vergabe der Grundschulplätze erfolgt ja wohnortbezogen. Doch meiner Erfahrung nach gibt es in den großen Grundschulen immer auch ein paar vernünftige Kollegen. Es würde auch helfen, wenn Eltern an den Tagen der offenen Tür und bei Elternsprechtagen ihre Wünsche klar äußern. Auch dann, wenn die anderen nur die Augen verdrehen. Und daheim können sie viele Versäumnisse wieder aufholen, indem sie ihre Kinder nicht alleinlassen und mit ihnen viel üben. Das ist zwar anstrengend, aber es lohnt sich.

In der »schönen neuen Bildungswelt« verraten allein schon die verwendeten Fachbegriffe viel über das dahinterstehende Menschenbild. Bildungsstandards werden ganz offiziell als »Output-Standards« bezeichnet.

Es ist die Rede von Qualitätssicherung und -management, Kompetenzzielen, Bildungserträgen, -standards und -monitoring, Output-Steuerung, Implementierung, Lernqualität usw. Wenn sich Bildungsbeauftragte austauschen, könnte man meinen, es würden sich Unternehmensberater unterhalten. Irgendwie habe ich den Eindruck, als hätte nach 2001 eine feindliche Übernahme stattgefunden und dass die Kultusminister die Geister, die sie gerufen hatten, nicht mehr loswurden. 2004, ein Jahr nachdem flächendeckend die sogenannte Kompetenz als Einheitsmaß für Bildung eingeführt worden war, hat die KMK zu den Bildungsstandards noch folgende Erläuterung gegeben:

»Schulqualität ist aber selbstverständlich mehr als das Messen von Schülerleistungen anhand von Standards. Der Auftrag der schulischen Bildung geht weit über die funktionalen Ansprüche von Bildungsstandards hinaus. Er zielt auf Persönlichkeitsentwicklung und Weltorientierung, die sich aus der Begegnung mit zentralen Gegenständen unserer Kultur ergeben. Schülerinnen und Schüler sollen zu mündigen Bürgerinnen und Bürgern erzogen werden, die verantwortungsvoll, selbstkritisch und konstruktiv ihr berufliches und privates Leben gestalten und am politischen und gesellschaftlichen Leben teilnehmen können.«[17]

Die Kultusminister der Bundesländer erinnern hier noch einmal an das humboldtsche Bildungsideal; doch die Sache war längst in der Hand von Technokraten, die die Bildungslandschaft umwälzten und einebneten. Ein Zurück gab es nicht.

Ich kann es gar nicht oft genug betonen: Niemand will Kindern willentlich Schaden zufügen. Weder Eltern noch Lehrer, weder Bildungspolitiker noch Mitarbeiter von Bildungsinstituten. Auch nicht diejenigen, die von der kommerziellen Seite des Messwahns profitieren. Es ist so, als wären (fast) alle Beteiligten mit einer kollektiven Blindheit geschlagen, die sie dazu bringt, den Kindern genau das wegzunehmen, was sie am nötigsten brauchen: die Beziehung zu Erwachsenen, an denen sie sich orientieren könnten. Und die dazu führt, dass die Kinder mit sogenannten Kompetenzen abgefüllt werden, die gar keine echten Kompetenzen sind und weit an dem vorbeigehen, was Kinder voranbringen würde.

Der neue Ansatz der Bildung – Kompetenzen formulieren und abfragen, Lernleistungen messen, Tests entwickeln und auswerten – bescherte Bildungsinstituten ganz neue Geschäftsfelder und Wachstumschancen. Das Bildungs-Monitoring und die Evaluation der Schulen sind ein Riesen-Geschäft. Und auch die Schulbuchverlage kommen nicht zu kurz. Denn autonom lernende Schüler brauchen ganz neue Lernmaterialien und auch viel mehr als früher. Denn jede Minute, die der Lehrer nicht im persönlichen Austausch mit seinen Schülern ist, muss ja mit Arbeitsheften etc. gefüllt werden. Der Erziehungswissenschaftler Hermann Giesecke hat schon 2004 vermutet:

»Ausgehend von den europäischen Institutionen und damit national übergreifend könnte sich ein ›pädagogisch-industrieller Komplex‹ (...) auftun, in dem es um erhebliche Ressourcen und ihre Verteilung und damit auch um Macht, Einfluss und öffentliche Selbstdarstellung geht.«[18]

Nun wird auch klar, warum PISA von der OECD durchgeführt wird. Dass die »Organisation für wirtschaftliche Zusammenarbeit und Entwicklung« mit dieser Aufgabe betraut wurde beziehungsweise sich für die Entwicklung und Durchführung standardisierter Tests anbietet, war ja ursprünglich nicht gerade naheliegend. Heute ist die Verquickung von Bildung und wirtschaftlichen Interessen stärker denn je. Sichtbar wird das unter anderem auch an der Zusammenarbeit von OECD und dem in über 70 Ländern agierenden Verlagshaus »Pearson«, das seit 2000 an der Entwicklung der PISA-Studie beteiligt ist (bei PISA 2018 zeichnete Pearson für die gesamte theoretische Rahmenkonzeption verantwortlich). Gleichzeitig ist Pearson einer der Global Player für Schulbücher und Online-Tests. Die Mediendatenbank des unter anderem durch die Landesregierung Nordrhein-Westfalens geförderten Instituts für Medien- und Kommunikationspolitik stellt fest, dass Pearson in Europa, Nordamerika und China aktiv ist und erheblichen Einfluss auf einen Teil der Lehrpläne (!) und des lukrativen Marktes für standardisierte Tests hat. Die Datenbank spricht von »exzessivem Lobbying« und gibt auch eine Übersicht über die einzelnen Sparten von Pearson: »Professional«, »Higher Education« und »School«. Am umsatzstärksten ist »School« mit 1,88 Milliarden Pfund (2015); das sind über zwei Milliarden Euro.[19]

Auch der Gütersloher Medienkonzern Bertelsmann expandiert stark in den Bildungsmarkt. Neben Medien und Dienstleistungen wird das Bildungsgeschäft zur dritten Säule des Konzerns aufgebaut.[20] Unterstützt wird das Angebot durch die Aktivitäten der Bertelsmann-Stiftung, die auf autonom lernende Kinder, »offenen« Unterricht mit Lehrern als Lernbegleitern und Kompetenzorientierung setzt.

In dem in der ›Wirtschaftswoche‹ erschienenen Artikel »Die Illusion der Bertelsmann-Schüler-Studie« werden die Ziele der Bertelsmann-Stiftung so beschrieben:

»Gemeinsam mit der OECD und deren PISA-Tests haben die Gütersloher in der Öffentlichkeit den Weg bereitet für die Bildungsreformen der jüngeren Zeit: Kompetenzorientierung und »Employability« statt humboldtschem Bildungsideal, Massenakademisierung und ›kein Kind zurücklassen‹ statt Auslese und Gymnasialempfehlung.«[21]

Auch die Bertelsmann-Stiftung selbst meldet sich zu Wort, zum Beispiel in der Pressemeldung vom 13. März 2018, in der es heißt: »Seit 2009 engagiert sich die Bertelsmann-Stiftung dafür, dass schon Kleinkinder lernen, sich an demokratischen Entscheidungen zu beteiligen. Das Projekt kooperiert mit 16 Trägern, die 1.000 Kitas und 13.000 Fachkräfte umfassen.«

Was klar sein muss: Die Vorstellung, dass sich Kleinkinder im Alter bis zu sechs Jahren demokratisch betätigen sollen, entspricht dem Irrglauben vom autonomen Lernen. Beides entspringt der Auffassung, dass Kinder kleine Erwachsene sind, denen man möglichst frühzeitig Verantwortung aufbürden sollte.

Ich werfe Unternehmen nicht vor, Gewinnmaximierung zu betreiben, das ist ihr gutes Recht. Ich werfe aber den Verantwortlichen in der Bildungspolitik vor, dass sie Konzernen wie Pearson und Bertelsmann einen enormen Einfluss auf die Bildungspolitik zugestehen. Sie lassen zu, dass Fachfremde die Deutungshoheit darüber, wie Bildung funktioniert, an sich reißen und den Kindern aus psychoanalytischer Sicht großen Schaden zufügen.

In einigen Bundesländern sind erste Anzeichen zu erkennen, dass ob des schlechten »Outputs« des autonomen Lernens (siehe nächstes Kapitel) Ernüchterung einsetzt und wieder mehr auf die Bindung von Lehrern und Schülern gesetzt wird. Ich fürchte allerdings, dass es nicht einfach sein wird, die mittlerweile gewachsenen Strukturen aufzubrechen.

Fazit:

Die Geschwindigkeit, mit der autonomes Lernen, kompetenzorientierter Unterricht und Selbst-Evaluation der Schüler die Schullandschaft überrollt haben, ist erschreckend. Damit die Kinder sich minimale Bildungshäppchen zuführen können, wurde Bildung in kleinste Teilmengen, die sogenannten Kompetenzen, fragmentiert. Schule als freier Raum eines freien Geistes ist nicht gewünscht. Hinter dem Messwahn stehen auch handfeste wirtschaftliche Interessen. Konzerne wie Pearson und Bertelsmann haben es geschafft, sich einen hohen Einfluss auf die Bildungspolitik zu sichern.

Kapitel 4
DIE QUITTUNG

Vor der Jahrtausendwende konnte ein Kind mit hoher Wahrscheinlichkeit noch darauf zählen, dass seine Psyche in Elternhaus, Kindergarten und Schule durch Bindung und Beziehung entwickelt und es so fit fürs Leben gemacht wurde. Die Erwachsenen erschlossen ihm intuitiv den Zugang zu gedanklichem Reichtum und geistiger oder handwerklicher Kreativität. Heute dagegen sieht es für die meisten Kinder ganz anders aus. Sie müssen viel Glück mit ihren Eltern, Erziehern und Lehrern haben, damit sie zu selbstständigen Erwachsenen werden, die gut mit sich selbst und anderen Menschen zurechtkommen und zum Erfolg der Gesellschaft beitragen. Diejenigen, die dieses Glück nicht haben, finden sich auf einem ganz anderen Gleis wieder:

1. Sie werden sich selbst überlassen und sind auf sich allein gestellt.
2. Sobald sie als Jugendliche Elternhaus und Schule verlassen, zeigt sich, dass sie nicht in der Lage sind, sich in der Welt zurechtzufinden.

Diese beiden Feststellungen will ich in diesem Kapitel ausleuchten. Zuerst zum ersten Punkt. Wenn ein Kind – wie in modernen Bildungskonzepten gewünscht – autonom lernen soll, werden Bindung und Beziehung zu Erziehern und Lehrern aktiv unterbunden. Gerade in Kindergarten und Grundschule sind Kinder jedoch sehr stark an Erwachsenen orientiert. Ohne Gegenüber haben sie weder Halt, noch Orientierung, noch Sicherheit. Der große Irrtum der Erwachsenen, die Kinder als kleine Erwachsene sehen, die ihre Hilfe nicht benötigen, überfordert das Kind und führt zu abstrusen Situationen. Eine Begebenheit, von der mir eine Mutter berichtete, soll hier als Beispiel dafür dienen, welche völlig überzogenen Erwartungen schon an die Kleinsten gestellt werden:

In einer Kita geht ein zwei Jahre und drei Monate alter Junge bei Regenwetter in den Garten. Als die Mutter ihn nachmittags abholt, sind seine Schuhe zum Auswringen nass. Auf ihre Frage an die Kita-Leiterin, warum denn niemand darauf geachtet hat, dass ihr Sohn die Gummistiefel anzieht, bekommt sie die Antwort: »Er hat es selbst so entschieden.«

Genau das, was das Kind von Natur aus braucht, nämlich liebevolle Zuwendung und Schutz, bekommt es heute vielerorts nicht. Es wird in seiner Bedürftigkeit nicht gesehen, emotional vernachlässigt und ist auf sich allein gestellt.

Ich weiß, für all jene engagierten Lehrer und Erzieher, denen in ihrer Ausbildung fälschlich beigebracht wurde, dass Kinder sich von ganz allein genau das holen, was sie brauchen, ist diese Aussage ein Tiefschlag. Ihre Schüler emotional zu vernachlässigen ist das Letzte, was sie im Sinn haben. Und doch muss ich als Kinderpsychiater sagen: Der Rückzug der Lehrer aus der Beziehung zum Kind, so wie er heute vor allem in der Grundschule stattfindet, gibt den Kindern keine Chance auf eine Entwicklung in ihrer emotionalen und sozialen Psyche oder auch Intelligenz.

Ich unterhalte mich mit Herrn S., dessen kluger Blick auf die Kinder unbeeinflusst ist von jeder Dogmatik. Seit elf Jahren sorgt er in einer nordrhein-westfälischen Stadt als Hausmeister in den dortigen öffentlichen Schulen für reibungslose Abläufe. Er und sein Team haben miterlebt, wie aus einer Haupt- und einer Realschule eine Gesamtschule wurde, weil sich der Bürgermeister (!) für die Zusammenlegung stark gemacht hatte. Vor ein paar Jahren liefen die letzten Klassen der Haupt- und der Realschule aus. Doch für Herrn S. fand die eigentliche Veränderung ganz woanders statt: auf den Schulfluren.

MW: Wie sieht heute Ihr Arbeitsalltag im Vergleich zu früher aus?
AS: Es ist ein Unterschied wie Tag und Nacht. Die Kinder laufen heute auch während der Unterrichtsstunden in Zehner- und sogar Zwanzigertrupps in den Fluren herum. Auf Strümpfen! Sie werden ganz offiziell von den Lehrern aus dem Klassenzimmer geschickt, damit sie irgendwelche Aufgaben erledigen. Die Kinder rennen dann unbeaufsichtigt durch das Schulgebäude. Überall sind die Wände bekritzelt. Es wird auch viel kaputtgemacht. Wenn ich mal ein Kind auf frischer Tat ertappe, passiert nicht viel. Der Schaden wird zur Kenntnis genommen und über die Versicherung abgerechnet.

MW: Wann greifen denn die Lehrer ein?
AS: Die meisten gehen allen Konflikten aus dem Weg. Sie sitzen im Klassen- oder im Lehrerzimmer und sehen und hören nichts. Selbst wenn sie direkt an randalierenden Schülern vorbeigehen, fühlen sie sich nicht verantwortlich. Noch nicht einmal dann, wenn Kinder auf den Treppengeländern herumturnen, schreiten sie ein. Reines Glück, dass bisher noch nichts passiert ist.

MW: Aber es sind doch heute dieselben Lehrer wie früher in der Haupt- und Realschule. Warum sollten sie sich denn so geändert haben?
AS: Nein, das ist heute ein ganz anderes Kollegium. Als wir zur Gesamtschule wurden, haben sich die meisten der alten Lehrer an anderen Schulen beworben. Sie konnten sich mit

dem neuen Konzept nicht anfreunden. Von einigen weiß ich aber auch, dass sie gerne geblieben wären. Aber sie passten wohl nicht ins Bild und mussten auch gehen. Nur zwei der fünfzig, sechzig Lehrer von früher sind dageblieben. Das heutige Kollegium besteht fast ausschließlich aus Lehrern so zwischen 25 und 35 Jahren. Viele sind frisch von der Uni. So viel kann ich sagen: Früher hatten die Lehrer das Ganze im Blick, heute werden die Kinder kaum beachtet.

MW: Womit haben Sie am meisten zu kämpfen?
AS: Die absolute Respektlosigkeit der Kinder macht mir sehr zu schaffen. Das gilt für Fünftklässler genauso wie für die 16- und 17-Jährigen aus der zehnten Klasse. Egal, was man ihnen sagt, es kommt immer ein blöder Spruch oder eine wüste Beschimpfung zurück. Wenn die für die sanitären Anlagen angestellte Frau nicht da ist, herrscht auf den Toiletten das totale Chaos. Das kann ich gar nicht verhindern. Die Kinder reißen die Papierhandtücher aus den Handtuchboxen und verteilen sie wahllos. Und im Sommer machen sie die Tücher nass und schmeißen sie in der Gegend herum. Wenn es dann aussieht wie auf einem Schlachtfeld, findet das kaum einer der Lehrer der Rede wert. Die meisten haben sich an die Zustände gewöhnt und finden das ganz normal.

MW: Wie reagiert denn die Schulleitung an Ihrer Schule?
AS: Vor ein paar Monaten hatten wir Besuch von der Bezirksregierung. Da mussten wir im Schulgebäude schnell noch die ärgsten Schmierereien überstreichen. Mein Kollege, der zum Zeitpunkt der Inspektion Dienst hatte, wurde von der Schulleiterin instruiert, damit er bloß nichts Falsches sagt. »Das und das darfst du nicht sagen«, hieß es. Die Schule sollte ja super dastehen. Sie hat dann auch eine Auszeichnung bekommen.

MW: Und Ihr persönliches Verhältnis zu den Kindern und Jugendlichen?
AS: Ich habe nicht den Eindruck, dass die Größeren viel über die grundlegenden Dinge des Lebens wissen. Doch wenn man sich für sie interessiert, sind sie eigentlich noch ganz zugänglich. Sie erzählen gerne von sich, zum Beispiel, auf was für Lehrstellen sie sich beworben haben. Die Kleineren dagegen sind total außer Kontrolle. Ich weiß gar nicht, wie ich mit denen umgehen soll. Es gibt kein Miteinander mehr, dafür viel Lärm und Unordnung. Die Kinder können einem leidtun.

Dass Kinder aus den Klassenräumen auf die Schulflure ausgelagert werden, ist nur einer der vielen Auswüchse des autonomen Lernens. Denn »offener Unterricht« funktioniert ja nur, wenn die verschiedenen Lerngruppen sich nicht untereinander stören. Also ist es an vielen Schulen zur Normalität geworden, dass sich Schülergruppen außerhalb der Klasse unbeaufsichtigt beschäftigen sollen. Das Unternehmen »project«, das unter anderem Schulen ausstattet, schreibt auf seiner Webseite:

»*Viele Schulen entdecken bislang ungenutzte Freiflächen für neue Zwecke: den* **Gang als Ergänzung zum Unterrichtsraum**. *Der leere Winkel avanciert zum* **attraktiven, gemütlichen Lehrraum**. *Nutzen Sie das gesamte Potenzial der Flure und Durchgänge als Orte der Begegnung, des sozialen Miteinanders und des kreativen Austauschs!*«[22]

Darüber, dass dieser Text auch noch mit der Überschrift »Lebensraum Flur« eingeleitet wird, kann ich nur den Kopf schütteln. Ist das schon Zynismus? Es macht keinen Unterschied, ob Lehrer die Kinder sich selbst überlassen, weil sie es so gelernt haben, oder ob sie sich in Ruhe um einen Teil ihrer Klasse kümmern wollen und deshalb den anderen Teil »über Land schicken« müssen. Es läuft auf dasselbe hinaus: Schüler werden allein gelassen und zum Blödsinnmachen verführt. Was die Größeren mit den Kleineren und die Stärkeren mit den Schwächeren machen, hat niemand mehr im Blick.

Dass Schulflure heute als unbetreute Klassenräume genutzt werden, darf man nicht den Lehrern anlasten. Das wäre zu kurz gedacht. Lehrer sind genauso wie die Kinder Opfer der verfehlten Schulpolitik, die zu wenige Lehrer, zu wenig Raum und zu viele, meist unentwickelte Kinder in einem Topf zusammenrührt und dann noch Lehrmethoden vorschreibt, die völlig an den Bedürfnissen der Kinder vorbeigehen.

Bildungspolitisch ist gewünscht, dass Kinder auf sich selbst gestellt sind. Kein Wunder, dass die Situation an den Schulen manchmal völlig aus dem Ruder läuft. Die vielen Hilferufe von Lehrerkollegien und Schulleitungen, die mit den Kindern und Jugendlichen nicht mehr zurechtkommen, zeigen das. Den Anfang des Reigens machte im Frühjahr 2006 die Rütli-Schule, eine Hauptschule im Berliner Stadtbezirk Neukölln. Die Lehrer wendeten sich mit einem Brandbrief an den Berliner Bildungssenator:

»(...) Wir müssen feststellen, dass die Stimmung in einigen Klassen zurzeit geprägt ist von Aggressivität, Respektlosigkeit und Ignoranz uns Erwachsenen gegenüber. (...) Notwendiges Unterrichtsmaterial wird nur von wenigen Schüler/innen mitgebracht. Die Gewaltbereitschaft gegen Sachen wächst: Türen werden eingetreten, Papierkörbe als Fußbälle missbraucht, Knallkörper gezündet und Bilderrahmen von den Flurwänden gerissen. (...) In vielen Klassen ist das

Verhalten im Unterricht geprägt durch totale Ablehnung des Unterrichtsstoffes und menschenverachtendes Auftreten. Lehrkräfte werden gar nicht wahrgenommen, Gegenstände fliegen zielgerichtet gegen Lehrkräfte durch die Klassen, Anweisungen werden ignoriert. Einige Kollegen/innen gehen nur noch mit dem Handy in bestimmte Klassen, damit sie über Funk Hilfe holen können. (...)«

Das muss man sich mal vorstellen! Lehrer haben Angst vor ihren Schülern und sehen, wie im Fall der Rütli-Schule, keine andere Lösung als die Schließung ihrer Schule! Heute haben sich die Verhältnisse in Neukölln beruhigt. Dass es zu den genannten Auswüchsen kommen konnte, wurde damals mit dem hohen Anteil an Migrantenkindern erklärt und damit, dass das Modell Hauptschule sowieso nichts mehr taugt. Doch diese nur scheinbaren Zusammenhänge treffen offensichtlich nicht den Kern der Sache. Denn Brandbriefe gibt es seitdem auch von ganz anderen Schulen. Leider scheint das niemanden mehr zu interessieren. Während die Zustände an der Rütli-Schule noch deutschlandweit für Aufregung sorgten, stößt der Appell eines Kollegiums heute nur noch regional auf Interesse. Im Februar 2018 schaffte es wieder einmal ein Hilferuf in die Zeitung:

»*Die Problematik äußert sich im Unterrichts- und Pausengeschehen in extremer körperlicher Gewalt, Körperverletzungen anderer Schüler, dem Nichteinhalten bekannter Verhaltensregeln oder durch Nichtkenntnis von Regeln des zwischenmenschlichen Umgangs, Sabotage des Unterrichts durch permanente Störungen und Schlägereien, unerlaubtes Verlassen des Unterrichts, Sabotage des Unterrichts durch Nichterscheinen zum Unterricht oder durch Verstecken auf dem Schulgelände.*«[23]

Wieder eine Hauptschule in einem Problembezirk? Nein, es handelt sich um die Grundschule (!) der ländlich geprägten Gemeinde Hessen im Harzkreis, östlich von Hannover. Auch von einem hohen Ausländeranteil kann keine Rede sein. Es heißt, dass nur ein einziges der 163 Kinder dieser Schule einen Migrationshintergrund hatte. Unfassbar, dass ausgebildete Pädagogen vor der Aufgabe kapitulieren mussten, Sechs- bis Zehnjährige zu einem angemessenen sozialen Verhalten zu verhelfen. Ob es demnächst auch Hilferufe von Erziehern aus Kindergärten und Kitas geben wird, die mit den ihnen anvertrauten Ein- bis Fünfjährigen nicht mehr fertig werden?

Unfassbar auch, dass niemand dieses heiße Eisen anfassen will. Die Reaktion auf die Zustände an der Hessener Grundschule war bezeichnend. Der Landeselternrat beeilte sich festzustellen, dass es sich um einen Einzelfall handele. Gleichzeitig sagte sein Sprecher Thomas Jäger aber auch, dass es die Tendenz gebe, dass an den Schulen immer weniger die Aufsichtspflicht gewährleistet werden könne.[24] Auch das Landesschulamt reagierte halbherzig. Es war über die Zustände an der Schule schon länger informiert, doch die Eskalation hat es nicht verhindert. Als »Sofortmaßnahme« war der Plan gefasst worden, dass zwei Polizeibeamte vor Ort den Grundschülern erklären sollten, welche Gefahren ihnen drohen, wenn sie eigenmächtig das Schulgelände verlassen. Also auch hier wie an der Rütli-Schule: Kapitulation der Lehrer und damit die Bankrotterklärung einer Schule. Wie verzweifelt muss man sein, Polizisten die Aufgaben von Pädagogen zuzuschanzen! Sie sind gar nicht ausgebildet, mit außer Rand und Band geratenen Grundschulkindern umzugehen. Dass den Kindern statt Orientierung mal wieder nur Erklärungen, die sie in ihrem Alter gar nicht verstehen können, geboten werden, ist ein weiterer Beleg dafür, dass immer wieder mit genau den falschen Mitteln eine Besserung der Lage erzielt werden soll.

Ich weiß nicht, was dazu geführt hat, dass die Verhältnisse gerade an dieser Schule so eklatant aus dem Ruder gelaufen sind. Aber ich weiß, dass Grundschüler, die eine Beziehung und Bindung zu Erwachsenen haben und über eine dem Alter entsprechende psychische Reife verfügen, sich nicht so, wie im Hilferuf der Lehrer beschrieben, verhalten. Natürlich schubsen auch sie mal ihren Nebenmann oder schwänzen eine Schulstunde. Doch weil sie am Affekt des Lehrers sehen, dass er das nicht billigt, reißt so ein Verhalten erst gar nicht ein.

Vielleicht meint der eine oder andere Leser, dass Rütli- und Hessener Grundschule nur extreme Ausnahmen seien. Da kann ich nur sagen, extrem: ja, aber Ausnahme: nein. Allein im kleinen Saarland liegen beim dortigen Bildungsministerium Hilferufe von 14 Schulen vor (Stand: Februar 2018). Der bildungspolitische Sprecher Frank Wagner äußerte sich dazu so: »Bei unseren Besuchen erfahren wir, dass es vor allem im Bereich der verhaltensauffälligen Kinder einen hohen Anstieg an Schülerinnen und Schülern an allen Schulen gibt. Hier stoßen die Lehrkräfte immer wieder an ihre Grenzen.«[25] Dass auch von Grundschulen zunehmend Hilferufe eingehen, berichtet der saarländische Lehrer- und Lehrerinnenverband.[26]

Wenn nicht umgehend wieder die Beziehung zwischen Lehrer und Schüler in den Mittelpunkt des Unterrichts gesetzt wird, dürfen wir uns darauf einstellen, dass Schulen, an denen Lehrer sich nicht mehr durchsetzen können und sogar Angst vor den Schülern haben müssen, vollends zur Normalität werden. Die Sicht, dass Schüler in vieler Weise auf sich gestellt sein sollen und der Lehrer nur noch begleitet, verbunden mit der Ignoranz, die hohe

Anzahl an problematischen nicht schulreifen Kindern berücksichtigen zu wollen, und die damit verbundene Gewalt an den Schulen sind die Ernte, die die Schulpolitik der letzten zwanzig Jahre gesät hat. Natürlich stehen auch die Eltern in der Pflicht. Doch gerade dann, wenn Eltern ihren Kindern kein orientierendes Gegenüber mehr sind, dürfen die betroffenen Kinder nicht allein gelassen werden. Wenn immer weniger Kinder in den Familien eine kindgerechte Förderung erfahren, müssen die Schulen dringend die Pflichten der Eltern mit übernehmen. Aber das tun sie nicht. Ganz im Gegenteil. Indem auch sie die Kinder alleinlassen, nehmen sie ihnen ihre letzte Chance auf eine Entwicklung.

Nun zum zweiten Punkt, den ich am Anfang dieses Kapitels genannt habe: dass viele Jugendliche, die Elternhaus und Schule verlassen, nicht in der Lage sind, sich in der Welt zurechtzufinden.

Das Elternhaus und die Institutionen Kindergarten und Schule wirken als geschützter Raum. Damit meine ich hier nicht einen Ort der liebevollen Zuwendung, sondern ein System, in dem das Kind von seinen frühesten Anfängen bis zur Berufsschule oder bis zum Studium durchgereicht wird, ohne dass jemals geprüft würde, wie weit es in seiner Entwicklung gekommen ist. Das Kind ist »geschützt« vor Erfolgskontrollen.

- Der einzelne Kindergarten kann zwar ein Kind ablehnen, doch grundsätzlich hat jedes Kind ab drei Jahren einen Anspruch auf einen Kindergartenplatz – ganz gleich, wie weit es entwickelt ist. Dabei geht es nicht nur darum, ob das Kind noch eine Windel braucht oder nicht. Die Erzieher müssen irgendwie damit zurechtkommen, dass viele der Neuzugänge im Elternhaus kaum Basisfähigkeiten des emotionalen und sozialen Verhaltens eingeübt haben. Die Defizite aufzuholen kann kaum gelingen, denn die meisten Träger und leider mittlerweile auch die Eltern finden offene Kindergartengruppen toll. Also sollen auch schon die Erzieher den Kindern maximale Autonomie zugestehen. Die Kinder sollen entscheiden, wann und was sie essen und trinken, ob und wann sie gewickelt werden, zu welcher Gruppe sie sich gesellen und ob sie nach zehn Minuten immer noch Lust haben, sich an der Aktivität weiter zu beteiligen. In so einer Umgebung kann sich die kindliche Psyche nicht entwickeln, geschweige denn ein bestehender Entwicklungsrückstand aufgeholt werden. Natürlich gibt es auch noch Kindergärten, in denen erfahrene Erzieher den Kindern ein Gegenüber und damit Orientierung bieten. Doch sie dünnen immer weiter aus.

- Immer mehr Kinder kommen heute in die Grundschule, obwohl sie nicht schulreif sind. Wenn sich dann zeigt, dass viele Erstklässler sich noch nicht einmal über kleinere Zeitspannen konzentrieren können und es an einer Arbeitshaltung fehlen lassen, schlagen die erfahrenen Grundschullehrer die Hände über den Köpfen zusammen – die meisten jüngeren Lehrer dagegen kennen es nicht anders. Auch im sozialen Umgang miteinander hinken Schulanfänger in der Regel weit hinter ihrem Alter hinterher. Vier Jahre lang sind die Lehrer damit beschäftigt, trotz der Ausraster einzelner Schüler einen Unterricht auf die Beine zu stellen. Ob sie damit Erfolg haben oder nicht, hat kaum Einfluss darauf, wie es mit der Schulkarriere der Kinder weitergeht. In Schleswig-Holstein, Hamburg, Brandenburg und Thüringen ist das Sitzenbleiben nur noch sehr eingeschränkt möglich, an baden-württembergischen Gemeinschaftsschulen und Berliner Sekundarschulen ist es sogar ganz abgeschafft. Der Trend geht hin zum Durchwinken. Das Motiv dahinter machte 2018 die Präsidentin des Bayerischen Lehrer- und Lehrerinnenverbandes, Simone Fleischmann, deutlich: »Fernab von der Frage, ob dies pädagogisch sinnvoll ist, bedeutet das Nicht-Versetzen immense Mehrkosten für den Freistaat.«[27] In diesem Klima werden viele Grundschüler wie auf einem Fließband bis zur vierten Klasse weiterbefördert.

- Nun wechseln die Kinder an die weiterführende Schule – auch dann, wenn sie die Grundfertigkeiten Lesen, Schreiben und Rechnen gar nicht beherrschen. Zu den Mängeln der methodischen Fähigkeiten kommen die Mängel der sozialen und emotionalen Fähigkeiten. Längst müssten mit zehn Jahren zum Beispiel Grundzüge von Empathie sowie Lern- und Leistungsbereitschaft eingeübt sein. Die Lehrer versuchen, diese Defizite aufzuholen, doch auch sie werden zunehmend auf autonome Lernmethoden eingeschworen. Egal, ob sich ein Kind am Unterricht beteiligt oder nicht, ob es Fortschritte in seiner Entwicklung zeigt oder nicht – es durchläuft eine Klassenstufe nach der anderen. Denn auch jetzt ist Sitzenbleiben kaum eine Option. Weil sie sich vor Schulleitung und vor Eltern rechtfertigen müssten und nicht selten sogar Rechtsanwälte eingeschaltet werden, sparen sich viele Lehrer das Gezerre und reichen die Schüler an die nächste Klassenstufe weiter.
- Ab einem Alter von 16 Jahren beginnen immer mehr Jugendliche eine Ausbildung, ohne ausbildungsreif zu sein. Die Berufsschullehrer und Arbeitgeber bemühen sich, den Jugendlichen das beizubringen, was sie eigentlich in der Mittelstufe oder gar Grundschule hätten lernen müssen. Doch weil die psychische Basis fehlt, ist kaum etwas hängengeblieben und man muss

immer wieder von Null anfangen. Von ihrer Psyche her gesehen, sind viele Azubis immer noch Kleinkinder, weder lern- noch leistungsbereit und ohne Sinn für Pünktlichkeit, Regeln, Strukturen und Abläufe.
- Andere Jugendliche werden bis zum Abitur durchgeschleust. Als junge Erwachsene beginnen sie ein Studium, doch auch hier fehlt oft die Befähigung dazu. Viele Universitäten bieten Kurse an, in denen die Erstsemester Rechtschreibung und Grammatik nachholen und ihren sprachlichen Ausdruck verbessern können. Vollends grotesk wird es, wenn zum Beispiel Lehrende am Institut für Germanistik an der Universität Duisburg-Essen unter ihren Lehramtsstudenten Deutsch-Kenntnisse wie von Sechstklässlern beobachten.[28] Viele junge Studenten tun sich auch schwer damit, ihr Studium zu organisieren – dabei haben die Universitäten ja längst auf Bachelor- und Master-Studiengänge umgestellt, die vergleichsweise klare Strukturen und Abläufe vorgeben; man spricht auch von der »Verschulung« der Universitäten. In einem Artikel der ›Süddeutschen Zeitung‹, in dem über Studenten in Bayern berichtet wird, heißt es: »Die Sorgen ähneln sich überall. Oft sind es Identitäts- und Selbstwertprobleme oder depressive Verstimmungen. Manche ringen mit eigenen Erwartungen, andere ertragen den Leistungsdruck nicht, leiden an Selbstzweifeln, Zukunfts- oder Prüfungsangst.«[29] Es fehlt heutigen Jugendlichen immer häufiger an einer verlässlichen Basis, auf der sie ihr Leben aufbauen können.

Dass die Kinder trotz fehlender Fähigkeiten ihren Weg durch die Schule machen, ist nur möglich, weil die Leistungsanforderungen sukzessive heruntergeschraubt werden (das folgende Kapitel beschäftigt sich eingehender mit diesem Thema). Vor zwanzig Jahren wäre es nicht möglich gewesen, dass ein Kind, das kaum rechnen, schreiben und lesen kann und einen Wortschatz von vielleicht nur 500 Wörtern hat, eine weiterführende Schule besucht. Heute gibt es keine Hinderungsgründe mehr. An die Stelle der Kindergartenreife ist das Recht auf den Kita- und Kindergartenplatz getreten. Aus der Schulreife ist die im Prinzip freie Wahl der Eltern geworden, wann sie ihr Kind einschulen. In den meisten Bundesländern entscheiden sie auch, auf welche weiterführende Schule ihr Kind geht; nur in Brandenburg, Sachsen, Thüringen und Bayern hat die Empfehlung der Grundschullehrer noch Gewicht (Stand 2018). Es ist allerdings abzusehen, dass einige Bundesländer wieder zu einer bindenden Grundschulempfehlung zurückkehren. Es ist zu offensichtlich geworden, dass viele Eltern doch nicht so objektiv wie gedacht einschätzen können, welche weiterführende Schule für ihr Kind geeignet ist.

Die Kontrolle, ob eine Entwicklung der Psyche stattfindet, wird immer weiter nach hinten verschoben. Doch irgendwann kommt das, worauf die Kinder eigentlich die ganze Zeit vorbereitet werden sollten: der Übergang aus dem geschützten Raum von Elternhaus und Schule ins selbstständige Leben. Sobald es in den Beruf geht, lassen sich die nicht entwickelten Jugendlichen nicht mehr an die nächste Station weiterreichen und die Leistungsanforderungen nicht mehr beliebig herunterschrauben. Eine vom Lehrling aufgenommene Bestellung muss stimmen, der Azubi muss sein Smartphone weglegen, wenn ein Kunde den Laden betritt, und das vom Bachelor geleitete Projekt darf er nicht in den Sand setzen. Im »echten Leben« lassen sich Defizite nicht mehr wegdiskutieren.

Die Welle der Jugendlichen, die mangels psychischer Entwicklung nur eingeschränkt am Arbeitsleben teilnehmen können, rollt noch auf uns zu. An den Universitäten bringen bereits die ersten 18- bis 20-jährigen Studienanfänger, die als Kinder von der Bildungspolitik im Stich gelassenen wurden, die Hochschulprofessoren zur Verzweiflung. Doch noch schlagen vor allem die Ausbilder der heute 16- bis 17-jährigen Azubis Alarm. Herr H. ist seit fast vierzig Jahren Berufsschullehrer. Anfangs stand er in den Klassen noch direkt vor den Schülern, heute bildet er an einem staatlichen Lehrerseminar in Baden-Württemberg Referendare aus und begleitet sie an ihren jeweiligen Berufsschulen eineinhalb Jahre lang bis zu ihrem zweiten Staatexamen. Während die einzelnen Unternehmen und Institutionen, an denen ausgebildet wird, jeweils nur mit einer mehr oder weniger großen Auswahl an Jugendlichen in Berührung kommen, kann Herr H. über einen breiten Querschnitt Auskunft geben. In seinem Berufsalltag ist er ganz nah an den jungen Menschen dran, die einen kaufmännischen Beruf erlernen wollen.

MW: Viele Ausbildungsbetriebe beklagen sich, dass Jugendliche es heute an Ausbildungsreife fehlen lassen. Haben Sie auch diesen Eindruck?
KH: Unbedingt, ja. Ich erinnere mich noch gut, wie meine Referendare und ich vor einigen Jahren feststellen mussten, dass die Berufsschüler nicht mehr in der Lage waren, die von ihnen erarbeiteten Lösungen einer Aufgabe mit der des Lehrers zu vergleichen. Weil sie nicht erkennen konnten, ob ihr Ergebnis richtig oder falsch war, schrieben sie die Lösung des Lehrers einfach noch mal ab. Das hat mich ganz betroffen gemacht. Lange Zeit waren wir völlig ratlos, was wir da beobachteten. Mittlerweile wird offen darüber gesprochen, dass viele Berufsschüler gar nicht ausbildungsreif sind. Damit ist nicht gemeint, dass sie sich schlecht benehmen würden; vor zwanzig, dreißig Jahren waren das auch keine

Engel. Der Punkt ist, dass wir heute bei den Berufsschülern die Fähigkeiten, die einmal ganz selbstverständlich waren, nicht mehr voraussetzen können.

MW: Was sind denn die Baustellen?
KH: Die Berufsschüler sind zwischen 16 und 20 Jahre alt und waren mindestens zehn Jahre lang in der Schule; und trotzdem fehlen vielen von ihnen die allereinfachsten Grundlagen. Es fängt damit an, dass nur noch wenige ein Heft sauber und übersichtlich führen können. Auch dass kaum jemand ohne Taschenrechner 10 Prozent von 80 berechnen kann, ist ärgerlich. Aber was einen noch viel mehr zur Verzweiflung bringen kann, sind die Lücken im Umgang miteinander, die Respektlosigkeit untereinander und den Lehrern gegenüber. Es ist, als würden sie die gar nicht so richtig wahrnehmen.
Manchmal nehme ich ein paar Jugendliche zur Seite und trainiere mit ihnen, wie man sich die Hand gibt oder einen Vorgesetzten grüßt. Das sind ganz einfache Minimal-Anforderungen, die noch nie jemand von ihnen verlangt hat. Sie bringen es fertig, einem eine schlaffe Hand entgegenzuhalten, ohne dabei ihrem Gegenüber in die Augen zu sehen. Wir üben auch, wie man mit einer gewissen Körperspannung durchs Schulhaus läuft, statt mit eingefallenen Schultern und den Händen in den Hosentaschen zu schlurfen. Solche Formsachen sind in der Arbeitswelt enorm wichtig. Wenn die Schüler verstehen, warum ich ihnen das zeige, sind sie sogar mit einigem Spaß dabei.

MW: Wie sieht denn so eine Unterrichtsstunde aus, in der Sie einen Ihrer Referendare prüfen?
KH: Teilweise sind das ganz tolle Klassen und meistens machen die Schüler auch super mit. Natürlich hat die Tatsache, dass ich als Prüfer hinten im Klassenraum sitze, einen ge-

wissen Effekt. Und doch summieren sich die Auffälligkeiten. Ein Beispiel: Erst neulich liefen noch acht Schüler nacheinander in die Klasse rein, als die Stunde längst begonnen hatte. Alle mit einem lässigen »Oh, 'tschuldigung«. Dieses »Oh, 'tschuldigung« ist übrigens etwas ganz Typisches für heutige Berufsschüler.

Wenn die Jugendlichen in die Ausbildung kommen, ist das für einen guten Teil von ihnen das allererste Mal, dass ihnen eine Struktur vorgegeben wird. Sagt ihnen zum Beispiel jemand, sie sollen einen sauberen Brief schreiben, mit Adresse, Absender und allem Drum und Dran, dann verstehen sie gar nicht, warum das nötig ist. Mit so einer Aufgabe sind sie völlig überfordert.

MW: Merken die Schüler denn selbst, dass ihnen etwas fehlt?

KH: Kaum. Sie sehen ja keine Zusammenhänge. Ich frage zum Beispiel oft: »Wo seht ihr euch in zehn Jahren?« In dem Alter, in dem sich unsere Schüler befinden, müssten sie diese Frage zumindest ansatzweise beantworten können. Doch heute kommt es vor, dass ein Neunzehnjähriger, dessen bisherige Schullaufbahn sehr mühsam war, allen Ernstes antwortet: »Dann bin ich Chef bei der Bank.« In solchen Fällen hilft nur, den jungen Leuten sehr kleinschrittig bewusst zu machen, was alles nötig ist, um ihre Ziele zu erreichen. »Wenn du Chef werden willst, dann musst du in fünf Jahren dies erreicht haben und in einem Jahr das. Das funktioniert aber nur, wenn du in sechs Monaten dieses und jenes kannst.« Manchmal macht es dann Klick bei ihnen.

Was mir auch auffällt: Viele der Jugendlichen können keine Kritik vertragen. Wenn sie zurechtgewiesen werden, kann es sein, dass sie einfach aufstehen und gehen. Sich mit ihrem Umfeld ernsthaft auseinanderzusetzen haben sie offenbar weder in der Familie noch in der Schule gelernt.

MW: Wie groß ist denn der Anteil der Jugendlichen, die so viel nachholen müssen?
KH: Das möchte ich nicht beurteilen, es macht auch nicht viel Sinn, eine Prozentzahl zu nennen. Was ich aber sagen kann, ist: Immer mehr Berufsschüler zeigen einen deutlichen Rückstand in ihrer Entwicklung. Das Problem wird von Jahr zu Jahr größer.

MW: Was können Sie persönlich tun?
KH: Ich will meine Referendare aus ihrer Ratlosigkeit herausholen. »Geben Sie Ihr Bestes, aber lasten Sie es sich bitte nicht an, wenn Sie mit der Ausbildung der Ihnen anvertrauten Jugendlichen nicht weiterkommen«, sage ich zu ihnen. Berufsschullehrer können nicht von heute auf morgen nachholen, was in den Jahren zuvor an den Jugendlichen versäumt wurde. Selbst mit der Unterstützung der Sozialarbeiter, die heute zunehmend an den Berufsschulen tätig sind, ist das nicht möglich.

MW: Also keine Chance für die Lehrlinge und Azubis?
KH: Nein, das sehe ich ganz anders. Wichtig ist, dass wir die jungen Menschen nicht abschreiben. Man kann sie noch auf die Reihe bekommen. Aber wir in der Berufsschule können nur kleine Vorarbeiten leisten. Unternehmer und Handwerker suchen so dringend Nachwuchs, dass sie auch Jugendliche einstellen, die viel Unterstützung brauchen, bis sie zum Erfolg des Unternehmens beitragen können. Die Betreuer in den Unternehmen müssen das, was wir hier an der Berufsschule beginnen, fortführen: den Azubis klare Strukturen vorgeben und ihnen mit sehr viel Geduld zeigen, wo es langgeht.

Herr H. bringt das Geschehen an deutschen Berufsschulen auf den Punkt, das zeigen die Ergebnisse der

Ausbildungsumfragen, die der ›Deutsche Industrie- und Handelskammertag‹ DIHK seit 2006 durchführt. Während 2006, im ersten Jahr der Umfrageserie, eine unsichere wirtschaftliche Perspektive und die hohen Kosten der Ausbildung als wesentliche Ausbildungshemmnisse genannt wurden, ist es heute mit großem Abstand die fehlende Ausbildungsreife der Jugendlichen. Nur acht Prozent der Unternehmen sahen 2018 darin keine Probleme. Hier die von den Ausbildungsbetrieben genannten Defizite der Schulabgänger und die Häufigkeit ihrer Nennungen; in Klammern die Zahlen des Jahres zuvor[30]:

- mangelnde elementare Rechenfertigkeiten: 50 Prozent (2017: 49 Prozent)
- mangelndes mündliches und schriftliches Ausdrucksvermögen: 61 Prozent (58 Prozent)
- mangelnde Leistungsbereitschaft/Motivation: 63 Prozent (59 Prozent)
- mangelnde Belastbarkeit: 63 Prozent (53 Prozent)
- mangelnde Disziplin: 54 Prozent (50 Prozent)
- mangelnde Umgangsformen: 43 Prozent (40 Prozent)
- mangelndes Interesse: 35 Prozent (32 Prozent)
- mangelnde Teamfähigkeit: 13 Prozent (10 Prozent)

Man sieht: Viel zu vielen Jugendlichen fehlt es an grundlegenden Fähigkeiten, und ausnahmslos ist die Tendenz steigend. Es ist ein Wahnsinn! Wie soll denn Wirtschaft und Gesellschaft in den kommenden Jahren funktionieren, wenn die Fachkräfte von morgen keinen Bock auf Arbeit haben, nicht bereit sind, sich anzustrengen, sich Schwierigkeiten im Job nicht gewachsen fühlen, den Sinn von Pünktlichkeit nicht einsehen, nur um sich selbst kreisen und ihnen das, was sie tun, so ziemlich wurscht ist? Nur bei der Teamfähigkeit schneiden heutige Jugendliche ganz gut ab – aber man kann sich vorstellen, was in ein paar Jahren bei einem Meeting herauskommen wird, wenn es an allem anderen fehlt.

Das Entsetzen über diese schwachen Leistungen erreicht auch mich. Es vergeht kaum ein Tag, an dem ich nicht mindestens eine Mail von Berufsschullehrern, Ausbildern, Unternehmern und Handwerkern erhalte. Sie können es kaum fassen, dass man Sechzehn-, Siebzehnjährigen die Grundrechenarten und den Unterschied zwischen dem Umfang eines Kreises und dessen Radius beibringen muss. Ein Handwerker aus Österreich schrieb mir, dass im *Meisterkurs* für Ofenbautechnik kaum jemand in der Lage ist, eine simple Fläche zu berechnen. Die Unternehmen müssen nachholen, was in Elternhaus, Kindergarten und Schule versäumt wurde: die Entwicklung der kindlichen Psyche. Das wird ihnen nur mit hohem zeitlichen und finanziellen Aufwand gelingen. Ob sie mit dieser Aufgabe in Summe überfordert sind, wird sich in naher Zukunft zeigen.

Ich fasse zusammen: Der Umbau der Schulsysteme wurde überhaupt erst mit dem Argument angestoßen, die Kinder seien nicht fit genug für den Arbeitsmarkt. Erst durch »autonomes Lernen« und »offenen Unterricht« sollten sie später als Erwachsene in der globalisierten Welt bestehen können. Selbst wenn man der Meinung wäre, der alleinige Sinn von Bildung läge in der Arbeitsmarktfähigkeit, sollten nach fast zwei Jahrzehnten zunehmend kompetenzorientiertem, schülerzentriertem Unterricht massive Erfolge sichtbar geworden sein: junge Erwachsene, die in der Welt ihren Platz finden. Doch der Schuss ging nach hinten los. Nie zuvor waren Jugendliche an der Schwelle zum Erwachsensein so unsicher, orientierungslos und lustorientiert. Wenn sie nicht zu den Glücklichen gehören, die sich entwickeln durften, sind sie weder lern- noch leistungswillig, weder belastungsfähig noch sozial kompatibel. Kurz gesagt: nicht lebenstüchtig.

Wenn ich sage: Deutschland verdummt, dann meine ich damit nicht nur, dass die Kinder in der Schule immer weniger lernen, sondern immer weniger über die emotionale und soziale Intelligenz verfügen, die sie für ein Miteinander in der Gesellschaft dringend benötigen würden. Dass es so ist, ist ein großes Versagen der Erwachsenen. Doch die Sache mit der Dummheit geht ja noch viel weiter. Aus Kindern mit nicht entwickelter Psyche werden Erwachsene mit nicht entwickelter Psyche. Es ist eine große Not, in der sich unsere Gesellschaft in zehn, zwanzig Jahren befinden wird. Ein soziales Miteinander kann nur einen begrenzten Anteil an Menschen vertragen, die sich wie Autisten, Narzissten, Egomanen benehmen. Wird nicht umgehend die Bildungspolitik wieder auf die Bedürfnisse des Kindes eingestellt und mit der Irrlehre aufgeräumt, dass ein Kind weder Bindung noch Beziehung braucht, ist das gesamte Gefüge unserer Gesellschaft in Gefahr. Wenn wir es so weiterlaufen lassen wie bisher, wird gegen das, was auf uns zukommt, der heutige dramatische Fachkräftemangel nur ein laues Lüftchen vor dem Sturm sein.

Fazit:

Die Folgen der Kita-, Kindergarten- und Schulpolitik der vergangenen zwei Jahrzehnte sind katastrophal. Der Entzug von Bindung verbaut dem Kind die Möglichkeit, sich in seiner emotionalen und sozialen Psyche zu entwickeln. Das lässt sich erst dann nicht mehr leugnen, wenn das Kind das Schulsystem verlässt und der Übergang in den Beruf bevorsteht. Dann kann niemand mehr die Augen davor verschließen, dass viele der Schulabsolventen grundlegende Defizite in ihren methodischen, emotionalen und sozialen Fähigkeiten haben. Der vielbeklagte Fachkräftemangel ist also weniger ein demographisches Problem als vielmehr die Konsequenz daraus, dass es vielen Jugendlichen heute an psychischer Entwicklung und damit an Lebenstüchtigkeit fehlt.

Kapitel 5
DIE SCHULEN – ENTWICKELN STATT GLEICHSCHALTEN

Textaufgabe aus einem Schulbuch von 1960: Ein Bauer verkauft einen Sack Kartoffeln für 40 DM. Die Erzeugerkosten betragen 30 DM. Wie hoch ist der Gewinn?

Textaufgabe aus einem Schulbuch von 2019: Ein Bauer verkauft einen Sack Kartoffeln für 40 €. Die Erzeugerkosten betragen 30 €. Der Gewinn beträgt 10 €. Unterstreiche das Wort Kartoffeln und diskutiere mit deinen Mitschülern über den Sachverhalt.

Witze wie dieser kursieren in hundertfacher Variation. Aber das Lachen kann einem im Halse steckenbleiben. Denn es ist eine fatale Abwärtsspirale: Je weniger den Kindern in der Schule abverlangt wird, desto weniger entwickelt sich ihre Psyche und desto weniger leistungsfähig sind sie. Und je weiter die Leistungsfähigkeit der Kinder in den Keller geht, desto weniger kann man im Rahmen des heutigen Unterrichts von ihnen fordern.

An dieser Stelle will ich noch einmal betonen, dass es mir bei der »Leistung von Schülern« nicht in erster Linie darum geht, ob sie gut Kopfrechnen oder sich les- und verstehbar schriftlich ausdrücken können. Fehlen diese Fähigkeiten, werden sie zweifellos später als Erwachsene stark benachteiligt sein. Das ist schlimm genug. Nein, mir geht es vorrangig darum, dass ihre Psyche entwickelt wird. Dass also die Basis für all das, was sie später in einem eigenständigen Leben erreichen sollen – eine Ausbildung absolvieren, sich einen Beruf erobern, logisch denken, rasch Texte überfliegen und schlussfolgern können, sich eine eigene Meinung bilden, sich sozial verhalten usw. – überhaupt vorhanden ist.

Viel zu viele Kinder haben heute erschreckend geringe Fähigkeiten. Doch statt dem Mangel abzuhelfen, stellen sich die Erwachsenen auf die Defizite ein. Es braucht zum Beispiel viel Übung und Leistungsbereitschaft vonseiten der Grundschulkinder und viel Geduld und Zuwendung vonseiten der Erwachsenen, bis eine lesbare Schreibschrift entwickelt ist. Doch geübt wird heute kaum noch (mehr dazu im nächsten Kapitel), und nur wenige Schüler lernen, sich Mühe zu geben. Seit 2004 geben die Bildungsstandards für das Fach Deutsch in der Grundschule vor, dass Kindern überall in Deutschland von Anfang an Druckbuchstaben beigebracht werden; die sind einfacher zu lernen als Schreibschrift. Bis zum Ende der vierten Klasse, so der Bildungsstandard, sollen sie dann – irgendwie – eine eigene Schreibschrift entwickelt haben. Je nach Bundesland werden sie dabei unterstützt, indem ihnen zusätzlich eine von mehreren zur Auswahl stehenden, immer aber vereinfachten Schreibschriften gezeigt wird. Abgesehen davon, dass diese Schriften nicht viel mehr sind als Druckbuchstaben mit Verbindungshäkchen, müssen Schüler sie nicht beherrschen. Druckbuchstaben genügen selbst für die Abiprüfung. Die CDU-Politikerin Marion Schick, 2010 bis 2011 Kultusministerin von Baden-Württemberg, sagte zu diesem Thema: »Es muss unser Ziel sein, dass wir es den Kindern so einfach wie möglich machen, eine eigene, gut lesbare persönliche Handschrift zu entwickeln – und zwar ohne unnötige Mühen und Umwege.«[31] Ich finde: Mit dem Argument, man müsse Kindern Mühen und Umwege ersparen, könnte man sie auch gleich von der Mühe entbinden, morgens aufzustehen.

Natürlich will niemand es einem Kind unnötig schwer machen. Doch Lernen ist nicht nur Spaß, sondern immer auch eine Herausforderung. Es ist anstrengend für ein Kind, sich selbst die Schuhe anzuziehen, es ist anstrengend, schwimmen zu lernen, und es ist auch anstrengend, später einmal für sich selbst zu sorgen. Bei einer gut entwickelten Psyche wird das Leben aber nicht nur von Mühen gezeichnet sein, sondern auch von Freude sowie sozialer und persönlicher Erfüllung.

Die Herausforderung, eine Schreibschrift zu lernen, lohnt sich, denn die Druckbuchstaben haben einen großen Nachteil: Sie lassen sich zwar gut lesen, eignen sich aber schon allein wegen der geringen Schreibgeschwindigkeit kaum dafür, selbst etwas zu verschriftlichen, also zum Beispiel eigenen Gedanken Ausdruck zu verleihen. Aber das meint man in Kauf nehmen zu müssen. Die Reduzierung auf die Druckbuchstabenschrift geschah meiner Einschätzung nach aus reiner Hilflosigkeit, denn die meisten Kinder von heute bringen ja weder die feinmotorischen Voraussetzungen für eine Schreibschrift noch die Leistungsbereitschaft mit. Trotz der »Ersparnis an Mühen und Umwegen« wird das Ziel der Kultusministerkonferenz, dass die Schüler beim Wechsel auf die weiterführende Schule in einer »gut lesbaren individuellen Handschrift formklar, flüssig und in angemessenem Tempo schreiben können«, nicht erreicht. Man muss sich nur anschauen, wie der größte Teil der Zehnjährigen (und auch der Fünfzehn- und Zwanzigjährigen) heute schreibt – von der Orthographie gar nicht zu reden. »Professoren-« oder »Ärzteklaue« nennt man so etwas beschönigend.

Die Tatsache, dass vielen Kindern die grundlegende Kulturtechnik des Schreibens versagt bleibt, wird mit dem völlig unzutreffenden Argument gerechtfertigt und verbrämt, man brauche in digitalen Zeiten ja gar nicht mehr per Hand zu schreiben. Reine Augenwischerei! Für mich sieht es so aus, als liefere man sich ein Rückzugsgefecht nach dem anderen. Der nächste Schritt ist ein Curriculum, in dem Kinder gar keinen Stift mehr in die Hand nehmen müssen. Die ersten Schulen, an denen allein über Tastatur geschrieben wird, gibt es schon. Wenn diese Entwicklung nicht gestoppt wird, ist auch das Eintippen bald überflüssig. Siri, Alexa und Co. übernehmen es dann, Gedanken und Ideen – so noch vorhanden – festzuhalten.

Es ist immer dasselbe: Leistungsanforderungen werden heruntergesetzt oder gar ganz gestrichen, weil man sie unter den gegebenen Bedingungen gar nicht mehr durchsetzen kann, und man redet sich ein, es wäre viel besser so.

- Kinder können keine zwanzig Minuten auf einem Stuhl sitzenbleiben? Müssen und sollen sie ja auch nicht – ist doch viel schöner, wenn sie sich frei im Klassenraum bewegen!
- Sie können nicht mehr Kopfrechnen? Wozu auch? Jedes Smartphone kann das übernehmen.
- Sie haben keinen Bock auf Lesen? Kein Problem, denn mit einer Diagnose auf Legasthenie müssen sie sich keine Mühe mehr geben (zur Pathologisierung von Kindern mehr im 8. Kapitel).
- Sie sind nicht dazu zu bewegen, ihre Hausaufgaben zu machen? Weg damit! An einer mir bekannten Hauptschule in der Bonner Umgebung lautete die Begründung für die Abschaffung der Hausaufgaben: »Die Kinder machen sie ja sowieso nicht.«
- Sie haben keine Ausdauer, längere Texte zu lesen und zu verstehen? Macht nichts – es gibt ja tolle Arbeitsblätter und Lückentexte, da reicht auch eine geringe Aufmerksamkeitsspanne. Die sind mit bunten Bildchen aufgepeppt, so dass die Kinder auch Lust haben, sich damit zu beschäftigen.

Wohin diese Kette an Kapitulationen führt, zeigt das folgende Beispiel. Ein Berufsschullehrer erzählte mir von einer Unterrichtsstunde, in der das Zustandekommen von Kaufverträgen Thema war. Angelehnt an die Fernsehreihe »Bares für Rares«, in der sich mehrere Trödelhändler ein Bietergefecht für die Ware eines privaten Verkäufers liefern, sollten die sechzehn- bis achtzehnjährigen Berufsschüler in Arbeitsgruppen herausfinden, auf welche Art und in welchem Moment der Kaufvertrag zustande kommt. Die Berufsschüler scheiterten allerdings schon daran, dass sie nicht verstanden, was im Gesetzestext steht. Der Berufsschullehrer sagte: »Wir müssen den Text vereinfacht und mit erklärenden Bildern zur Verfügung stellen, sonst klappt das nicht.«

Vordergründig bleibt den Schulen nichts anderes übrig, als die Anforderungen immer weiter abzusenken. Sie müssen ja aufpassen, dass sie in den allgegenwärtigen Rankings und Ratings nicht allzu weit abrutschen. Denn natürlich wollen Eltern aus Sorge um das Fortkommen ihrer Kinder diese lieber auf eine Schule schicken, an der sie gute Noten einheimsen. Die ständigen Evaluationsverfahren drängen die Schulen ebenfalls in diese Richtung: Eine Schule gilt dann als gut, wenn möglichst viele Schüler mit möglichst guten Noten von der Schule abgehen, also zum Beispiel den Übergang von der Grundschule aufs Gymnasium bzw. das Abitur schaffen. Um von den Schulbehörden keinen Druck zu bekommen, melden sie lieber: »Alles in Ordnung. Läuft...« Leistungsanforderungen abzusenken und gute Noten für mittelmäßige oder schlechte Leistung zu geben, macht einer Schule das Leben leicht: Die Anmeldezahlen stimmen, die Schulbehörden sind zufrieden und die Eltern haben wenig zu meckern.

Wie weit Selbsttäuschung und Täuschung von Politik, Schulleitungen und Lehrern gehen können, zeigen die 2017 bekannt gewordenen Vorgänge an den Washingtoner Highschools. Die staatlichen Schulen der Hauptstadt der USA waren im ganzen Land und seit Jahrzehnten für die katastrophalen Zustände berüchtigt, die an ihnen herrschen. Doch dann wurde 2002 medienwirksam die landesweite Kampagne »*No kid left behind*« ins Leben gerufen. Auch die Washingtoner Politiker wollten nicht mehr hinnehmen, dass die Hälfte der Schüler ihrer Stadt den Highschool-Abschluss nicht schaffte. Nun quantifizierten jährliche Tests die erwarteten Lernfortschritte der Kinder und Jugendlichen; Schulen mit mangelnden Fortschritten wurden sanktioniert. Die zur Verfügung gestellten finanziellen Mittel kamen aber kaum dort an, wo sie gebraucht wurden. Eine der Washingtoner Lehrerinnen stellte fest, dass von ihr und ihren Kollegen zwar verlangt wurde, dass sie mehr Schüler erfolgreich zum Abschluss führen müssen, »aber die Ressourcen, um diese Anforderungen auch zu erreichen, die haben wir nicht bekommen«.[32] Und ein Highschool-Direktor meinte: »Jedes Jahr hatte ich eines dieser Treffen mit der Stadtverwaltung, in dem mir neue Ziele für das Schuljahr ausgegeben wurden. Ich habe gesagt, dass das unrealistisch ist, aber die haben nur freundlich gelächelt. Es gab auch kein Gespräch darüber, es war einfach eine Anweisung.«[33]

Zur großen Freude der Öffentlichkeit wurden schnell Erfolge sichtbar. Die Schüler hatten bessere Noten, viel mehr von ihnen als früher schafften den Highschool-Abschluss und waren damit zum Besuch eines Colleges berechtigt. Doch der Grund waren nicht etwa bessere Lernleistungen der Kinder, sondern der hohe Druck auf Schulleiter und Lehrer. Sie wussten: Bei »Versagen«

würden sie versetzt oder entlassen werden. Mit einer schlechten Bewertung durch den Vorgesetzten wäre es ihnen kaum möglich gewesen, an einer anderen Schule eine Anstellung zu finden. Es ist nachvollziehbar, dass viele der Lehrer, die eigentlich andere Vorstellungen von ihrem Beruf hatten, lieber stillhielten, als sich ihre Zukunft zu verbauen.

Also gab es zum Beispiel weniger Unterricht in den Fächern Physik und Biologie, die nicht zentral geprüft wurden, und stattdessen mehr Unterricht in den Prüffächern. Es war auch gängige Praxis, dass Schüler bei den Tests ungestört betrügen konnten, mancher Lehrer half gleich aktiv bei der Lösung der Aufgaben. Dass Lehrer und Schulleiter Boni bekamen, abhängig davon, wie viele Schüler den Abschluss schafften, verleitete nur noch mehr zum (Selbst-)Betrug.

Gewusst hatte es irgendwie jeder, dass es mit den deutlich verbesserten Noten und der sprunghaft angestiegenen Anzahl der Abschlüsse nicht mit rechten Dingen zugehen konnte. Aber man *wollte* es nicht wissen. Die verantwortliche Schuldezernentin schaffte es im Dezember 2008 sogar als Heldin aufs Titelbild des ›Time Magazine‹. Doch dann bekamen 2017 an der ›Ballou Highschool‹ ausnahmslos alle der 164 Schüler der Abschlussklasse das Highschool-Diplom. Einige Menschen machte dieser 100-Prozent-Erfolg stutzig, sie wollten es nun genau wissen. Was sie enthüllten, war unfassbar: Es war an der ›Ballou Highschool‹ völlig normal, dass Kinder und Jugendliche sich unbeaufsichtigt überall im Schulgebäude aufhielten, nur nicht in ihren Klassenräumen. Eine Lehrerin sagte: »Die Schulglocke ist nur ein Geräusch, sie hat keine Bedeutung.«[34] Etwa die Hälfte der Schüler hatte mehr als drei Monate des Schuljahres unentschuldigt gefehlt. Kein Wunder, dass einige der Absolventen noch nicht einmal lesen und schreiben konnten. Die Schüler hatten genau gewusst, dass ihnen, egal was sie tun oder nicht tun, das Diplom nachgeschmissen werden würde – für sie noch ein Grund mehr, sich nicht anzustrengen. Was hier stattgefunden hatte, war die ultimative Leistungsabsenkung auf Null.

Als die anderen Schulen unter die Lupe genommen wurden, kam heraus, dass die Zustände an der ›Ballou Highschool‹ der Normalfall in Washington waren. Als der nächste Jahrgang in dieser Stadt die Abschlüsse machte, ohne Manipulationen, lag die Durchfallquote wieder bei 42 Prozent – also ziemlich genau dort, wo sie vor Beginn der »*No kid left behind*«-Kampagne gewesen war.

Sind in naher Zukunft solche Verhältnisse etwa auch in Deutschland möglich? Eine Lehrerin berichtete mir neulich von folgendem Geschehen:

»*Dass Lehrer ausfallen, kommt recht häufig vor. Dann witzeln wir: ›Bei dieser Klasse kommt heute mal wieder Eva vorbei.‹ EVA ist die Abkürzung für ›eigenverantwortliches Arbeiten‹; man gibt den Kindern einen Arbeitsauftrag und lässt sie dann unbeaufsichtigt die Aufgabe lösen. Alle Stunden, in denen kein regulärer Unterricht stattfindet, also neben den EVA-Stunden auch Stunden, in denen ein Vertretungslehrer die Klasse übernimmt, zwei Klassen zusammengeführt oder die Kinder nach Hause geschickt werden, kommen auf eine Liste, die ans Ministerium geschickt werden muss. Kürzlich kam die Liste mit dem Vermerk zurück: ›Das kann so nicht stimmen. Bitte noch mal überarbeiten.‹ Der zuständige Kollege hat die Liste dann zurechtgestutzt, so dass es passte.*«

Auch von finanziellen Anreizen für Lehrer ist mittlerweile die Rede. Der Direktor für das Bildungsdirektorat bei der OECD, Andreas Schleicher, schlug zum Beispiel vor, dass es für Lehrer mehr Geld geben solle, wenn sie in »schwierige« Klassen gehen.[35] Verkehrte Welt! Statt Lehrern Schmerzensgeld anzubieten, damit sie überhaupt noch bereit sind, in Klassen mit nicht entwickelten Kindern zu unterrichten, muss doch der Grund für das Desaster beseitigt werden! Lehrer müssen wieder darin unterstützt und nicht davon abgehalten werden, dass sie Beziehungsarbeit leisten und so – ich weiß, ich wiederhole mich – die Psyche der Kinder entwickeln. Wie gesagt: Es wird ständig an Symptomen herumgedoktert, statt sich um die Ursachen zu kümmern.

Bei Universitäten und Fachhochschulen will die Politik ebenfalls »Wohlverhalten« finanziell unterstützen. 2014 schwor die nordrhein-westfälische Wissenschaftsministerin Svenja Schulze die Hochschulen darauf ein, dass in Zukunft 20 Prozent weniger junge Menschen ihr Studium abbrechen sollen. Als Anreiz diente eine Erhöhung der Zuschüsse für zusätzliche Studenten: Statt 20.000 Euro pro Student gab es nun nur noch 18.000 Euro – dafür aber noch einmal 4.000 Euro obendrauf, wenn der Student sein Studium erfolgreich abschließt.[36] Ich verbuche dieses Prämienmodell unter der Rubrik »Daumenschrauben«.

Auch wenn so mancher Bildungspolitiker mittlerweile nachdenklich geworden ist und erste Korrekturbewegungen sichtbar werden, stehen im Moment die Zeichen immer noch auf weitere Absenkung der Anforderungen. Damit der Schein gewahrt wird, dass die Kinder fürs Leben fit gemacht werden, werden sie in vielen Schulen über jede Hürde getragen. An der sprunghaft gestiegenen Anzahl von Abiturienten und ihren immer besser werdenden Noten wird das besonders deutlich. Es ist ein Drama in fünf Akten.

Erster Akt: Die Bildungspolitik und Organisationen wie die OECD zeigen sich daran interessiert, dass möglichst viele Schüler Abitur machen. Das Statistische Bundesamt drückt es so aus: »Zur Sicherung der Humanressourcen der Wissensgesellschaft wird es als erforderlich angesehen, die Anzahl der Studienberechtigten sowie der Hochschulabsolventinnen und Hochschulabsolventen zu steigern.«[37] Es steckt aber auch die Milchmädchenrechnung dahinter, dass Hochschulabsolventen später im Schnitt besonders viel zum Bruttosozialprodukt beitragen. Die Aussicht auf gesteigerte Wachstumsraten erzeugt eine Kurzfristdenke, die sich gegen die Interessen unserer Gesellschaft auswirkt; wer in letzter Zeit versucht hat, kurzfristig einen Elektriker zu bekommen, weiß, was ich meine. Vor allem zielt sie aber an den Interessen der Kinder vorbei. Nicht jedem Schüler liegt es im Blut, sich mit Infinitesimalrechnung und Lyrik-Interpretation zu beschäftigen.

Zweiter Akt: In fast allen Bundesländern wurde, wie im letzten Kapitel bereits erwähnt, die verbindliche Grundschulempfehlung abgeschafft. Weil sich viele Eltern irremachen lassen und denken, ihr Kind solle – unabhängig von seinen Talenten – am besten das Abitur machen, stieg der Anteil an Gymnasiasten unter den Schülern deutlich an. Zum Schuljahr 2017/2018 wechselten zum Beispiel in Nordrhein-Westfalen 40,9 Prozent der Grundschüler auf ein Gymnasium; dazu kommen 28,0 Prozent, die auf eine Gesamtschule gingen, die ebenfalls zum Abitur führen kann. 20,5 Prozent wählten eine Realschule. Nur noch 3,6 Prozent meldeten sich auf einer Hauptschule an (im Jahr 2000 waren es noch 15,9 Prozent).[38]

Dritter Akt: Das bisher dreigliedrige Schulsystem aus Hauptschule, Realschule und Gymnasium wird demontiert. Hoch im Kurs stehen Schulen, an denen Kinder bis zur 10. Klasse gemeinsam unterrichtet werden. Je nach Bundesland heißen sie Gemeinschaftsschule, Stadtteilschule, integrierte Sekundarschule, regionale Schule, Mittelschule, Realschule plus, Regelschule usw. Besonders die Hauptschulen haben unter dieser Entwicklung gelitten. In den zehn Jahren von 2005 bis 2015 haben vier von zehn von ihnen geschlossen. Es ist wichtig, dass der Wechsel von einer zur anderen der drei traditionellen weiterführenden Schulformen möglichst durchlässig gestaltet ist. So mancher 14-Jährige, der nur sehr widerwillig zur Schule gegangen ist, macht einen Sinneswandel durch und ist plötzlich bereit, sich für einen bestimmten Berufswunsch ins Zeug zu legen. Doch in einem Klima der ständigen Leistungsabsenkung halte ich die Bestrebungen, die Schultypen zu vereinheitlichen, geradezu für eine Einladung, einen möglichst hohen Anteil an Schülern bis zum Abitur durchzureichen.

Vierter Akt: Die Suppe müssen wieder einmal die Kinder auslöffeln. Immer mehr von denen, die auf dem Gymnasium angemeldet werden, kämen an anderen Schulen besser zurecht. In der Vodafone-Studie von 2013[39] erklärten 62 Prozent der befragten Gymnasiallehrer, dass der Anteil von Schülern, die für diese Schulform nicht ausreichend qualifiziert sind, in den letzten Jahren zugenommen hat. Unter den ältesten und damit wohl auch erfahrensten Lehrern waren es sogar 72 Prozent. Um diese Kinder aufzufangen, werden die Leistungsanforderungen für das Bestehen des Abiturs abgesenkt. Berühmt wurde eine Abituraufgabe für das Fach Biologie aus dem Jahr 2010, in der es um die Zusammenhänge von Streifenhörnchen- und Zecken-Populationen in Abhängigkeit von vorhandener Streifenhörnchen-Nahrung ging. Ähnlich wie in dem eingangs in diesem Kapitel aufgeführten Witz waren alle Angaben bereits vorhanden, die Abiturienten mussten den Text nur lesen und umformulieren können, um die Aufgabe zu lösen. Ein Professor für Didaktik der Biowissenschaften an der Goethe-Universität in Frankfurt ärgerte sich über diese Prüfungsaufgabe und legte sie der neunten Klasse eines Gymnasiums vor. 23 der 27 Schüler dieser Klasse bestanden den Test.

Der »Erfolg« der Leistungsabsenkung: Mehr Schüler als je zuvor schaffen das Abitur. 2000 waren es noch 27,6 Prozent, bis 2016 hatte sich dieser Anteil auf 41,1 Prozent eines Jahrgangs erhöht. Die Quote der Abiturienten ist allerdings stark vom Bundesland abhängig: In Bayern machen 31,1 Prozent der Schüler Abitur, in Hamburg 57,4 Prozent.[40] Auch die Abinoten sind wundersamerweise viel besser als früher – und genauso ungleich verteilt. 2013 hatten in Thüringen 37,8 Prozent der Abiturienten eine Eins vor dem Komma. Niedersachsen war Schlusslicht mit »nur« 15,6 Prozent. Um dieser Ungerechtigkeit abzuhelfen, wurde ein gemeinsamer Aufgabenpool für Abiturprüfungen eingerichtet, aus dem sich die teilnehmenden Bundesländer bedienen können. »Man einigt sich auf niedrigerem Niveau«, stellte der Präsident der Universität Hamburg, Dieter Lenzen, fest.[41] Man darf also erwarten, dass die Noten in den Bundesländern, die zuvor noch relativ schwierige Abituraufgaben zusammengestellt hatten, demnächst noch besser werden. Schüler und Eltern werden kaum etwas dagegen haben – so mancher Traum vom Studium lässt sich so zumindest für kurze Zeit verwirklichen.

Fünfter Akt: Viele Schüler, die in der Schule durchgereicht wurden, scheitern im Studium. Das ›Deutsche Zentrum für Hochschul- und Wissenschaftsforschung‹ DZHW wertete die Zahlen für den Absolventenjahrgang von 2016 aus.[42] Die Lage ist erschütternd: Insgesamt sind es 32 Prozent der Studenten an Universitäten und 25 Prozent der Studenten an Fachhochschulen, die vorzeitig aus dem Studium aussteigen; die meisten gleich in den ersten beiden Semestern. Traurige Spitze ist die Mathematik, in diesem Fach werfen 54 Prozent der Studenten das Handtuch. Dass die Studienabbrecher nur zu einem geringen Teil Studenten sind, die in einem »Parkstudium« auf einen Studienplatz in ihrem eigentlichen Wunschfach gewartet haben, zeigen die am häufigsten genannten Gründe für die Abbrüche im DZHW-Bericht von 2017: »unbewältigte Leistungsanforderungen« und »mangelnde Motivation«. Hier findet sich auch das schöne Wort von »leistungsinduzierten Problemlagen«. Vielen der Studienabbrecher hätte eine objektive Leistungsbewertung in der Schule die quälenden Erfahrungen des Nicht-gut-genug- und Am-falschen-Platz-Seins erspart.

Zurück zur Schule. »Nichts wird so heiß gegessen, wie es gekocht wird«, heißt es. Das gilt auch für die Mode des »autonomen Lernens« und den »offenen Unterricht«. Die Vorgaben der Schulbehörden sind das eine, was sich hinter verschlossenen Lehrerzimmer- und Klassenzimmertüren abspielt, das andere. Viele der erfahreneren Lehrer, aber auch jüngere Lehrer, die sich auf ihre Intuition verlassen haben, machten die Irrwege der letzten zwanzig Jahre einfach nicht mit. Im Jahr 2013, also gut zehn Jahre, nachdem Kompetenzmodell und autonomes Lernen eingeführt worden waren, gab es unter Lehrern und Eltern immer noch kaum Zustimmung zu den Neuerungen. Selbst die Schüler konnten sich nicht so recht für den »offenen Unterricht« begeistern. Eine vom ›Institut für Demoskopie Allensbach‹ durchgeführte Befragung[43] lieferte damals ein klares Bild:

- Der Aussage »An einer guten Schule muss es unbedingt engagierte Lehrer geben« stimmten 94 Prozent der Lehrer und 92 Prozent der Eltern zu. Engagement kann sich aber immer nur in der Interaktion mit anderen Menschen und *für sie* zeigen. Engagement im stillen Kämmerlein gibt es nicht. Die Vorgabe der Schulpolitik, dass Lehrer sich als Lernbegleiter im Hintergrund zu halten haben, fand also kaum Anhänger.
- Nur jeder zehnte Lehrer an allgemeinbildenden Schulen meinte, dass Schüler mehr lernen, wenn diesen die Entscheidung über die Themen überlassen wird. Zwei Drittel waren sich sicher, dass besser der Lehrer entscheidet, was, wann und wie gelernt wird. Von »offenem Unterricht« hielten sie also nicht viel.
- 60 Prozent der Eltern von Grundschulkindern wünschten sich, dass der Lehrer den Kindern den Schulstoff beibringt. Nur 27 Prozent meinten, dass die Kinder »so selbstständig wie möglich« arbeiten sollen (wobei diese Formulierung ja durchaus mehrdeutig ist). Mit anderen Worten: Eltern waren in der Mehrzahl skeptisch was das »autonome Lernen« betrifft.
- Die befragten Schüler waren sogar noch kritischer: Hier setzten 61 Prozent auf den Lehrer als Vermittler des zu lernenden Stoffs; nur 17 Prozent wollten möglichst selbstständig arbeiten. Auf die Frage, wie für sie eine ideale Schule aussieht, betrafen die am häufigsten genannten Faktoren den Lehrer. Mit 75 Prozent stand der Wunsch »Lehrer, die Spaß an der Arbeit haben« an erster Stelle. Gleich dahinter kam mit 69 Prozent »Lehrer, die sich ausreichend Zeit für einzelne Schüler nehmen«.

Diese Zahlen zeigen deutlich: Die Vorgaben der Bildungspolitiker waren über die Köpfe von Lehrern, Erziehern und Eltern hinweg durchgedrückt worden – ein Skandal erster Güte. Dass das noch dazu ohne Absicherung eines zu erwartenden Erfolgs durch belastbare Studien geschah, ist kaum zu fassen. Die Schulen sollten sich also an die Logik der Kompetenzlisten anpassen und bei den Kindern eine Unterrichtsform anwenden, die von denen, die direkt mit den Kindern zu tun haben, kaum jemand für sinnvoll hielt.

Ich hatte bereits gesagt, dass es viele, viele Jahre braucht, bis sich Änderungen durchsetzen. Im Fall des »autonomen Lernens«, der »Lehrer als Lernbegleiter« und des »offenen Unterrichts« war das meiner Meinung nach ein Segen. So hatten wenigstens einige der Schüler die Chance, mit entwickelter Psyche erwachsen zu werden. Doch nun treten wir in eine riskante Phase ein. Einerseits macht die Bildungspolitik in vielen Bundesländern wieder den Weg frei für eine offizielle Rückkehr zu tragenden Bindungen und Beziehungen zwischen Lehrern und Schülern. Andererseits gehen viele der erfahrenen Lehrer in absehbarer Zeit in Pension und es rücken frisch ausgebildete, junge Lehrer in die Kollegien nach, denen beigebracht wurde, dass autonomes Lernen super ist und sie sich als Lehrer im Hintergrund zu halten hätten. Die Frage ist, ob es den Schulen gelingt, sich den zaghaft wechselnden Wind in der Politik zunutze zu machen und gleichzeitig die jungen, sehr engagierten Lehrer auf die Praxis und nicht auf die Theorie einzuschwören.

Frau T. ist eine erfahrene und leidenschaftliche Pädagogin. Sie war Lehrerin, dann Schulleiterin; seit vielen Jahren ist sie in der Schulverwaltung in Baden-Württemberg tätig. Sie kennt also alle Facetten des Schuldienstes in- und auswendig.

MW: Wie schätzen Sie im Moment die Lage an den Schulen ein?
AT: An den Schulen haben wir es zunehmend mit verhaltensauffälligen Kindern zu tun und auch die eklatanten Leistungseinbrüche machen uns große Sorgen. Doch ich sehe auch viel Positives. Derzeit begreift man, dass in der Vergangenheit zu viel experimentiert wurde und dass das selbstständige Lernen für ein Kind am Ende der Entwicklung steht, nicht am Anfang und deshalb sorgsam geübt und entwickelt werden muss. Heute ist in der Politik und an den Schulen der Leistungsbegriff auch wieder positiver besetzt, und man denkt darüber nach, wie man den Unterricht so gestalten kann, dass das Kind auch langfristig davon profitiert.

MW: Wie schafft man es, dass die Schüler wirklich von Schule profitieren?
AT: Ich habe in meinem Berufsleben schon mehrmals erlebt, dass behauptet wurde: »So und nicht anders muss Unterricht aussehen!« Und nie hat es wirklich funktioniert. Ich habe nie Zweifel daran gehabt, dass es ganz unabhängig von bildungspolitischen Strömungen immer eine Konstante gibt, die sich nicht ändert: Kinder müssen sich entwickeln, und für diesen Prozess brauchen sie uns Erwachsene. Das ist eine biologische Tatsache, an der nicht zu rütteln ist. Meiner Auffassung nach kommen noch ein paar gesellschaftspolitische Selbstverständlichkeiten hinzu: Kinder haben ein Recht auf Struktur, Orientierung und Erziehung. Und sie haben ein Recht darauf, dass sie nicht mit zu viel Verantwortung beladen werden. Mit anderen Worten: Sie haben ein Recht auf Kindheit.

MW: Was können Schulleiter tun?
AT: Schulgemeinschaften konnten schon immer bildungspolitische Trends abfedern. Wichtig ist, dass das Kollegium an einem Strang zieht. Deshalb ist der Schulleiter eine so

zentrale Person. Er thematisiert Ideen und Probleme im Kollegium, bringt Diskussionen in Gang. Seine Überzeugungen haben Gewicht. Ein einiges Kollegium kann gute Erfahrungen erfolgreicher Pädagogen integrieren und neu ausgebildete Kollegen viel besser einbinden. Voraussetzung ist, dass sich alle aufrichtig fragen: Was bewirkt unser Unterricht? Dass Lehrer mit besten Absichten in ihre Klassen gehen, ist selbstverständlich. Doch der Prüfstein ist, dass eine Wirkung erzielt wird. Nur dann kann Schule ihrem Anspruch gerecht werden.

MW: Was brauchen die Kinder am meisten?
AT: Selbst desolat erscheinende Zustände lassen sich mit vereinten Kräften in den Griff bekommen. Das Wichtigste ist der Glaube daran, dass dies gelingen kann. Gerade die Kinder, die einen schwierigeren Start ins Leben haben, brauchen Erwachsene, die an es glauben. Ohne Optimismus kann man keine Kinder erziehen. Jedes Kind braucht auch die Gewissheit, dass da jemand ist, der sich für es interessiert. Ihm zu zeigen, dass man es als Menschen wahrnimmt, ist nicht so schwer. Kinder sind ja sehr feinfühlig. Einfach mal mit echter Anteilnahme zu sagen »Du hast heute ja eine schöne Hose an!« kann eine großartige Wirkung entfalten, gerade dann, wenn sich ein Lob nicht auf Geleistetes oder auf eine Note bezieht. Natürlich hält ein guter Lehrer dabei immer auch die gebotene professionelle Distanz ein; man kann das Schicksal der Kinder nicht zu seinem eigenen machen.

MW: Sind Sie nie müde geworden?
AT: Natürlich zehrten manche Situationen auch bei mir an der Substanz. Aber Aufgeben kam nie in Frage. Es ist wie mit pubertierenden Kindern; ich kann gar nicht zählen, wie viele Gespräche ich mit verzweifelten Eltern ge-

führt habe. Oft hatten sie den Eindruck, dass ihr Einsatz keinen Sinn mehr macht. Ich konnte ihnen aus Erfahrung sagen: »Bleiben Sie an der Seite Ihres Kindes. Halten Sie an ihm fest. Es wird besser werden.« Dieses Durchhaltevermögen muss auch eine Schule aufbringen – auch und gerade bei Kindern, die in ihrer Entwicklung noch viel nachzuholen haben.

MW: Haben Sie einen Tipp, wie ein Schulleiter sein Kollegium stärken kann?
AT: Ich finde es ideal, wenn die Lehrer sich gegenseitig in den Klassen besuchen und schauen, wie es die anderen machen. Das bringt einen großen Mehrwert für alle. Ich weiß, manche Lehrer lassen sich nicht gerne über die Schulter schauen. Es ist in einem Kollegium nicht immer leicht, gemeinsam etwas auf den Weg zu bringen und Bedenkenträger mitzunehmen. Da muss der Schulleiter Überzeugungsarbeit leisten. Als ich in der Position einer Schulleiterin war, sagte ich oft: »Lasst es uns mal ausprobieren und nach einem halben Jahr schauen, was es gebracht hat.«

MW: Sie sehen also positiv in die Zukunft?
AT: Bei allen Problemen, die wir heute an den Schulen haben, habe ich doch den Eindruck, dass wir sie lösen können. Vieles wiederholt sich auch. In den Siebzigerjahren unterrichtete ich viele Kinder von Gastarbeitern aus Italien, Griechenland und Jugoslawien, die kein Wort Deutsch konnten. Das war eine große Herausforderung. Kürzlich bekam ich eine Mail von einer meiner damaligen Schülerinnen. Sie schrieb mir, wie verloren sie sich damals an ihrem ersten Schultag in Deutschland gefühlt hat. Und was für eine Erleichterung es für sie war, als ich sie freundlich angelächelt und ihr einen »Guten Tag« gewünscht habe. »Da wusste ich, es wird alles gut«, schrieb sie.

Schulen können in ihrem Wirkungsbereich das Allerschlimmste verhindern. Doch die unerträglichen und kräftezehrenden Reibungsverluste zwischen Politik, Schule, Lehrern, Eltern und Schülern können sie nicht verhindern. Was sagt es denn über unsere Gesellschaft aus, wenn man darauf bauen muss, dass hinter verschlossenen Klassenzimmertüren etwas ganz anderes gemacht wird, als fehlgeleitete Politiker, Lehrerkollegen und Eltern es sich vorstellen! Der momentane Zustand ist untragbar; wir müssen umgehend wieder zu einem *gemeinsamen* Umgang mit Kindern finden, der sie wirklich fördert und fit fürs Leben macht.

Einen Lichtblick gibt es. Dass die Kollegien an Schulen (und auch die Eltern) gar nicht so machtlos sind, wie vielleicht manche meinen, zeigt folgendes Beispiel. In den meisten Bundesländern wurde die Gymnasialzeit von neun auf acht Jahre verkürzt – auch bei dieser Entscheidung stand die PISA-Studie von 2001 Pate. Die Arbeitgeberverbände meinten ebenfalls, dass deutsche Schüler im Vergleich zu anderen Ländern zu spät ihren Abschluss machen, sie hielten das für einen Standortnachteil. Ich will hier keine Stellung beziehen, ob G8 oder G9 die bessere Variante ist – das können Pädagogen besser beurteilen. Mir scheint es allerdings nicht zielführend zu sein, Jugendliche, denen es an Entwicklung fehlt, schneller als zuvor durch die Schulzeit zu führen. »Pädagogische Gründe für G8 gab es nie«, zitiert die ›WirtschaftsWoche‹ den Vorsitzenden eines der Bezirksvorstände des Philologenverbandes, Cord Santelmann: »Es hieß, die deutschen Gymnasiasten seien im internationalen Vergleich zu alt. Im Grunde ging es darum, sie rascher einer sozialversicherungspflichtigen Beschäftigung zuzuführen und Lehrerstellen einzusparen.«[44]

Das Saarland machte 2001 mit G8 den Anfang. Auch andere Bundesländer führten die Schulzeitverkürzung im Hauruck-Verfahren ein. In Bayern zum Beispiel hatte der damalige Ministerpräsident Edmund Stoiber 2003 noch versichert, es bleibe bei G9. Ein Jahr später wurde G8 durchgesetzt – da war kaum Zeit, Lehrpläne und -bücher entsprechend anzupassen. In Nordrhein-Westfalen wurde G8 unter einer rot-grünen Regierung 2005 eingeführt. Doch überall liefen Lehrer und Eltern gegen diese Entscheidungen Sturm. 2012 zeigte eine repräsentative Emnid-Umfrage für alle Bundesländer, dass sich 79 Prozent der Väter und Mütter eine Rückkehr zu G9 wünschten; nur 17 Prozent fanden G8 gut. Vier Jahre später war der Unmut immer noch groß: Gymnasiallehrer stimmten zu 88 Prozent für eine Rückkehr zu G9, bei den Eltern waren es ebenfalls 88 Prozent; bei den Eltern von Grundschulkindern stimmten sogar 93 Prozent gegen G8. Auch die Schüler waren unzufrieden: 79 Prozent der Schüler an G8-Gymnasien in NRW lehnten das Turbo-Abi ab.

Die Zahlen zeigen: Der Widerstand der Eltern und Lehrer gegen G8 ließ nicht nach, er wurde sogar immer massiver. Ihr Einsatz lohnte sich. Niedersachsen kehrte 2015 zu G9 zurück. Im gleichen Jahr erreichte eine Volksinitiative in Nordrhein-Westfalen, dass die G8-Frage noch einmal im Landtag zum Thema wurde. Doch SPD, Grüne und FDP wollten bei G8 bleiben. So kam es, dass G8 im Wahlkampf 2017 zu einem zentralen Wahlkampfthema wurde – und zu einem ausschlaggebenden Grund dafür, dass die rot-grüne Koalition abgewählt wurde.

Für mich sind die Geschehnisse um G8/G9 ein Zeichen dafür, dass Lehrer und Eltern gemeinsam Entscheidungen der Bildungspolitik, die sie nicht gutheißen, korrigieren können. Genau das ist Demokratie. Und dass

Demokratie funktioniert, wenn sich die Beteiligten engagieren, macht Mut.

Ich kann nur an Schulleitungen, Lehrerkollegien und Eltern appellieren. Aus meiner Sicht als Kinderpsychiater sind die Voraussetzungen für erfolgreiches Lernen im Kern immer dieselben: Kinder brauchen den Lehrer als Gegenüber, an dem sie sich orientieren können, klare, nachvollziehbare Regeln und eine große Arbeitsruhe. Es ist die Aufgabe der Schulen, diesen Rahmen zu setzen und sich für diese Ziele einzusetzen. Dies ist ein allererster, grundlegender Baustein dafür, dass Kinder emotionale und soziale Fähigkeiten entwickeln, eine Lernhaltung aufbauen und sich mit Freude und Neugier neuen Herausforderungen stellen.

Fazit:

Viele Schulen glauben, Kinder mit dem bildungspolitisch gewollten »autonomen Lernen« zu fördern. Tatsächlich ist aber genau das Gegenteil der Fall. Die Kinder entwickeln keine emotionalen und sozialen Fähigkeiten, und die Leistungsanforderungen müssen so stark an die mangelnden Möglichkeiten der Schüler angepasst werden, dass diese auf niedrigem Niveau gleichgeschaltet werden. Gleichzeitig öffnet der Abbau der Leistungsanforderungen Tür und Tor für die ebenfalls von der Bildungspolitik gewünschte Erhöhung der Abiturientenzahl und damit der Studierenden. Die Leidtragenden sind die jungen Erwachsenen, denn auch wenn ihnen auf dem Papier eine Studienreife bestätigt wird, bleiben viele von ihnen im Studium (und auch sonst im Leben) mangels Leistungsfähigkeit, Arbeitshaltung, Motivation usw. auf der Strecke. Schulleiter und Lehrerkollegien stehen diesem verhängnisvollen Geschehen nicht machtlos gegenüber.

Vor allem dann, wenn sie untereinander einig sind und im Idealfall auch die Eltern mitziehen, können sie eine Schule gestalten, die den Kindern zumindest eine Chance öffnet.

Kapitel 6
DIE LEHRER – KINDER WIEDER ANLEITEN STATT IHR LERNBEGLEITER SEIN

Lehrer oder Erzieher zu sein ist einer der schönsten Berufe der Welt. Zu den Kindern eine Beziehung aufzubauen, dabei sein zu dürfen, wenn sie größer werden und immer mehr von der Welt verstehen, und dazu beizutragen, dass ihnen auf ihrem Weg zum Erwachsensein das nötige Rüstzeug zur Verfügung steht, ist eine zutiefst erfüllende Aufgabe.

Lehrer oder Erzieher zu sein ist inzwischen aber auch einer der unbefriedigendsten, krankmachendsten Berufe. Die Rückmeldungen der Lehrer bestätigen mir, dass im Schnitt 70 bis 80 Prozent der Grundschulkinder in ihrer Entwicklung weit hinterherhinken; an den weiterführenden Schulen liegt die Quote (noch) etwas darunter. Diese Kinder werden zu Hause komplett bedient, sehen nur sich selbst, haben keine intrinsische Lernmotivation und nur ein geringes Konzentrationsvermögen. Sie können keine Regeln erkennen, geschweige denn befolgen. Deshalb sind immer mehr Lehrer den größten Teil ihrer Zeit damit beschäftigt, die akuten »Brände« zu löschen, die in ihrer sozialen und emotionalen Entwicklung gehinderte Kinder mit ihrem Verhalten verursachen. Für die wenigen lernwilligen und -fähigen Schüler bleibt kaum noch Zeit. Die Lehrer, mit denen ich spreche, erzählen mir davon, wie ungeheuer frustrierend es für sie ist, wenn sie trotz großen Engagements kaum Fortschritte erzielen. Und wie ermüdend, jede Stunde wieder bei Null anfangen zu müssen. Für viele geht es nur noch darum, irgendwie den Tag zu überstehen.

Doch damit hat der Wahnsinn kein Ende. In einer Situation, in der die Kinder am allernötigsten präsente Erwachsene brauchen, die das im Elternhaus Versäumte, so gut es geht, nachholen, erwartet die Schulpolitik von Lehrern und Erziehern, sich als Lernbegleiter praktisch unsichtbar zu machen. Kein Mensch würde auf die Idee kommen, beim Endspiel der Fußballweltmeisterschaft den Bundestrainer mit der Begründung aus dem Stadion zu expedieren, dass die Fußballspieler allein viel besser wissen, was sie zu tun haben. Doch die Lehrer werden genau in dem Moment vom Platz gestellt, in dem auf dem Rasen alles drunter und drüber geht. Hier zwei Beispiele, die noch einmal klarmachen, wie prekär die Lage ist.

- In einer Mail schrieb mir eine Erzieherin und Heilpädagogin:
  »Die Leitung, die Kollegen und die Verantwortlichen der Stadt stehen hinter dem Konzept der offenen Arbeit, der Selbstbildung des Kindes, des Erziehers als Entwicklungsbegleiter sowie des freien Spiels. Mir wurde von der Leitung unterstellt, ich würde die Kinder von mir abhängig machen, indem ich mich so viel mit ihnen beschäftige und sie dadurch kaum Zeit für freies Spiel hätten. Ich könne doch nicht den ganzen Tag alle Kinder fördern.«
  Ich habe viele ähnliche Zuschriften von besorgten Erziehern bekommen; die genannte Mail habe ich aus einem bestimmten Grund ausgewählt: Die Erzieherin arbeitet in einer heilpädagogischen Tagesstätte; zu den von ihr betreuten Kindern gehören auch Kinder mit autistischen Verhaltensweisen. Das bedeutet: Die völlig verrückte Vorstellung, dass Kinder wunderbar allein zurechtkämen, hat sogar an Institutionen, deren Schüler in ganz besonderem Maße intensive Zuwendung erfahren müssen, Einzug gehalten.

- Ein nordrhein-westfälischer Kindergarten zeigt sich besonders modern: In seinen Räumlichkeiten wurde ein Schließsystem installiert, in dem sich die maximal sechsjährigen Kinder in den einzelnen Räumen, die sie unbeaufsichtigt und nach Lust und Laune betreten oder verlassen, per Magnetkarte ein- und ausloggen. Kommen die Eltern zum Abholen, schauen die Erzieherinnen auf einem Display nach, wo sich das Kind gerade befindet. Den Anspruch, dass Erzieher sich den Kindern zuwenden und sie zum Spiel anleiten, hat offenbar niemand mehr. Es beunruhigt auch niemanden, dass sie nicht einmal wissen müssen, wo sich die ihnen anvertrauten Kinder aufhalten und was sie machen.

Den Erziehern und Lehrern, die noch auf ihre Erfahrung und ihre Intuition vertrauen, wird es sehr schwer gemacht. In Situationen, in denen ein Kind zum Beispiel den Unterricht stört, wird ein Lehrer, der eine Beziehung zum Kind aufgebaut hat, diesem durch seinen Affekt zu verstehen geben, dass sein Verhalten unerwünscht ist. Wenn das Kind dann weiter stört, fällt die Reaktion des Lehrers deutlicher aus. Aus einer gerunzelten Stirn kann zum Beispiel ein »Bleib auf deinem Stuhl sitzen, Leon!« werden. Stellt das Kind dann immer noch nicht sein störendes Verhalten ein, dann muss dem Lehrer ein Mittel zur Verfügung stehen, das dem Kind unmissverständlich klar macht: Bis hierher und nicht weiter! Doch genau dieses letzte Mittel – Pausenverbot, Nachsitzen, Extra-Hausaufgaben, eine schlechte Note oder Ähnliches – ist als autoritär verpönt und wird den Pädagogen als wichtige Unterstützung ihres Affektes versagt. Damit verliert aber auch seine Reaktion in Form des streng Schauens und der mündlichen Ermahnung an

Wirkung. Kinder haben ja schnell raus, »dass da nichts mehr kommt«.

Die Sorge, dass Kinder nur abgestraft oder diszipliniert werden sollen, ist unbegründet. Darum geht es gar nicht. Dem Kind muss eine Antwort auf seine Grenzüberschreitung gegeben und die für seine Entwicklung wichtige Erfahrung ermöglicht werden, dass seine Aktion zu einer angemessenen Reaktion führt. Ohne diese Antwort wird es nicht nur ohne Halt und Orientierung allein gelassen, es muss auch die Erfahrung machen, dass es nicht wert ist, dass seine Frage, die es in Form der Grenzübertretung gestellt hat, eine Antwort bekommt.

Von einem Kind, das ständig den Unterricht stört oder seine Hausaufgaben »vergisst«, wird heute erwartet, dass es sich an Regeln hält, weil es *versteht*, warum es seine Mitschüler nicht boxen oder deren Hefte nicht zerreißen soll. Dabei klappt das selbst bei Erwachsenen nicht. Wenn Autofahrer nicht wüssten, dass Verstöße gegen die geltenden Geschwindigkeitsregeln geahndet werden, würden die meisten von ihnen so schnell fahren, wie es ihnen passt – Regeln hin oder her. Ohne Geldbußen, Punkte in Flensburg oder gar Führerscheinentzug herrschte auf den Straßen das Chaos. Mir ist rätselhaft, warum man von Kindern Einsicht in die Notwendigkeit von Regeln erwartet, wenn das selbst bei Erwachsenen nur sehr eingeschränkt funktioniert.

Ein Berufsschullehrer erzählte mir, dass es nun auch verboten ist, die Klassentür nach Beginn des Unterrichts geschlossen zu halten, um denjenigen, die ständig zu spät kommen, die Regeln eindeutig klar zu machen. Auch hier wieder: Es geht nicht um eine »Bestrafung«, sondern darum, dem Jugendlichen klar zu machen, dass sein Verhalten nicht akzeptabel ist. Doch die Schulaufsichtsbehörde war überzeugt, dass man einem Schüler die Teilnahme am Unterricht nicht verwehren dürfe, auch dann nicht, wenn er regelmäßig erst gegen Ende der Stunde eintrudelt. So wird pädagogisch wirksames Handeln unmöglich gemacht; dem Lehrer bleibt nur übrig, zu spät kommende Schüler zu ermahnen. Man kann sich vorstellen, welchen Eindruck das auf einen Sechzehn- oder Siebzehnjährigen hat.

Lehrer und Erzieher haben nichts mehr zu sagen, ein ganzer Berufsstand wurde zu Arbeitsblatt-Austeilern und Formblatt-Ausfüllern degradiert. Für die Kinder bedeutet das, dass ihnen kein Halt gegeben wird, für die Lehrer, dass sie zur Witzfigur werden. Pädagogen, die sich nicht zu Lernbegleitern abqualifizieren lassen wollen, können sich kaum offen dagegen zur Wehr setzen. Denn Schulämter und -träger sind in der Regel nicht daran interessiert, sich kritischen Fragen zu stellen. Sie setzen alles daran, die Lehrer »auf Linie« zu bringen. Was passieren kann, wenn die Vorstellungen von Bildungspolitikern kritisiert werden, habe ich persönlich auf schockierende Weise auf einer Tagung von vierhundert Realschulrektoren erleben müssen. In Baden-Württemberg hatte gerade der Regierungswechsel zu Rot-Grün stattgefunden; nun waren zwei Vertreter der neuen Regierung anwesend, die die Schulleiter auf weitere Änderungen in ihrem Arbeitsfeld einstimmen sollten. Themen waren unter anderem das Vorantreiben der Inklusion und die Vorgabe, dass der Unterricht noch offener und freier als zuvor zu sein habe. Daraufhin meldeten sich mehrere Rektoren zu Wort: Diese Pläne würden sich nur unter dramatischen Qualitätsverlusten des Unterrichts durchführen lassen. Umgehend wurde der Ton auf dem Podium frostig, die Kritiker wurden ohne weitere Diskussion als autoritär und reaktionär diffamiert. Das abqualifizierende »Dann bilden Sie sich gefälligst fort!« eines der Regierungsvertreter klingt mir heute noch in den Ohren.

Überall im deutschsprachigen Raum, wo ich mit Lehrern und Schulleitern spreche, erkenne ich dasselbe Bild: Wer Kritik an den offensichtlich unhaltbaren Zuständen übt, wird als schlechter Lehrer hingestellt; wer nicht spurt, bekommt Druck zu spüren – oft von Menschen, die selbst nie vor einer Klasse gestanden haben. Eine Schulleiterin drängte in einem Gespräch mit der Schulaufsichtsbehörde darauf, Diktate wieder in das Curriculum aufzunehmen. Sie wurde abgefertigt: »Wenn Sie noch einmal das Wort Diktat in den Mund nehmen, werde ich Sie abmahnen!« Ich kenne auch Fälle, in denen Lehrer, die sich keinen Maulkorb verpassen lassen wollten, mit großer Brutalität gemaßregelt wurden. Die einen mussten so lange Berichte über ihre Unterrichtsstunden schreiben, bis sie entnervt aufgaben. Andere wurden gegen ihren Willen versetzt.

Was für ein Widerspruch! Im Verhältnis von Lehrern zu Schülern soll es keine Hierarchie mehr geben, das Kind wird auf Augenhöhe mit den Erwachsenen gehoben, alles wird ausdiskutiert. Im Verhältnis von Vorgesetzten zu Lehrern und Erziehern dagegen wird absoluter Gehorsam eingefordert. Dieser autoritäre, angstmachende Führungsstil ist in der freien Wirtschaft aus gutem Grund nur noch in winzigen Nischen anzutreffen. Auch in der Schullandschaft hat er nichts verloren – weder im Verhältnis zwischen Lehrern und Schülern, noch zwischen Lehrern und deren Vorgesetzten. Denn der Effekt ist, dass der Lehrer niedergeknüppelt und sein Enthusiasmus erstickt wird. Ihm wird das Herz herausgerissen.

Natürlich gibt es innerhalb der Lehrerschaft – so wie in jeder Berufsgruppe – auch faule und uneinsichtige

Quertreiber, die sich grundsätzlich gegen alles Neue stellen und für ihre Kollegen und Vorgesetzten eine Last sind. Diese Lehrer will ich nicht in Schutz nehmen. Ich setze mich für diejenigen ein, die aus fachlichen Gründen und aus ihrer pädagogischen Erfahrung heraus die aktuelle Bildungspolitik in Frage stellen. Ihre Not mit den nicht entwickelten Kindern findet kein Gehör. Stattdessen wird ihnen immer mehr aufgebürdet: zusätzliche Stunden in Vertretung kranker oder gar nicht existenter Kollegen (über den Lehrermangel wird im folgenden Kapitel mehr zu lesen sein), zunehmende Dokumentationspflichten. Dazu werden ihnen verhaltensauffällige Inklusions- und des Deutschen nicht mächtige Migrantenkinder in die Klasse gesetzt, ohne das dazu notwendige Personal zu stellen oder die Gruppen zu verkleinern. Dieses Handeln ist grob fahrlässig und für Lehrer wie Kinder menschenverachtend. Nicht nur die Schüler und Lehrer werden um die ihnen zustehende Wertschätzung betrogen, auch die speziell ausgebildeten Fachlehrer, die sich an Sonderschulen um jene Kinder kümmern, die mehr Förderung als andere benötigen. Ihnen wird klar gemacht, dass ihr Fachwissen nicht nötig sei, jeder »normale« Lehrer könne das, was sie geleistet haben, ohne Weiteres auch tun.

Kein Wunder, dass Lehrer häufiger als alle anderen Berufsgruppen unter psychischen und psychosomatischen Erkrankungen leiden.[45] Grundschullehrer sind besonders gestresst: 40 Prozent sind dauermüde und erschöpft. Als Gründe nennen sie vor allem Lärm, fehlende Erholung und Probleme mit der Disziplin »schwieriger Schüler«.[46] Dies sind auch die Hauptgründe für die erschreckende Anzahl an krankheitsbedingten Frühpensionierungen. Von den 25.500 verbeamteten Lehrern, die 2016 in den Ruhestand gingen, hatten nur 35 Prozent die gesetzliche Regelaltersgrenze erreicht; 12 Prozent mussten, teils auch schon in jungen Jahren, wegen Dienstunfähigkeit in den Ruhestand versetzt werden.[47] In Nordrhein-Westfalen sieht es besonders düster aus: Nur jeder fünfte Lehrer erreichte hier 2017 die Regelaltersgrenze; 2007 waren es noch doppelt so viele gewesen.[48] So wird ein ganzer Berufsstand verschlissen!

Es ist viel die Rede davon, dass Lehrer von ihren Schülern gemobbt werden. Was weniger bekannt ist: Betroffene Lehrer fühlen sich viel häufiger von Erwachsenen drangsaliert! Ich zitiere noch einmal aus der Mail der sächsischen Erzieherin und Heilpädagogin:

»*Ich bin demotiviert, gehe täglich mit Angst auf die Arbeit, weil ich ständig denke: Was wird heute wieder mit den Kollegen sein? Gibt es wieder blöde Sprüche/böse Blicke/direkte Anfeindungen?*«

Die Ergebnisse einer nicht repräsentativen Untersuchung des ›Zentrums für Empirische Pädagogische Forschung Landau‹ von 2012, an der 1.500 Lehrer teilnahmen, vermitteln einen Eindruck, wie viele Lehrer sich an Schulen unter Druck gesetzt fühlen. 41 Prozent der Befragten gaben an, dass sie in den vergangenen zwei Monaten gezielt und über eine längere Zeit einer Aggression ausgesetzt waren, der sie wehrlos gegenüberstanden. Und das ist das Überraschende: Druck üben an erster Stelle Schulleiter aus (von 54 Prozent der betroffenen Lehrer als Verursacher genannt), gefolgt von Kollegen der Lehrer (48,4 Prozent). An dritter Stelle kommen die Schüler der eigenen Klasse und die aus anderen Klassen (zusammen 30,2 Prozent), am Ende der Liste stehen Eltern (20,8 Prozent).[49]

Auch wenn es Schulen gibt, an denen die Schulleitung dem Kollegium den Rücken freihält, gibt es doch auch viele Lehrer, die nicht auf Unterstützung durch Vorgesetzte und Kollegen hoffen dürfen. Das folgende Beispiel einer österreichischen Fachschul-Lehrerin erzählt von so einer Situation, in der ein sechzehnjähriger Schüler mit seiner Beurteilung unzufrieden war und eine Drei statt einer Vier haben wollte.

Als er merkte, dass die Lehrerin sich nicht überreden lasse, baute er sich dicht vor ihr auf und drohte ihr: ›Das werden Sie schon sehen, dann werde ich das eben anders regeln!‹ Daraufhin wollte sie einen Antrag stellen auf ein ›wenig zufriedenstellend‹ in der Betragensnote – so eine schlechte Note muss in der Lehrerkonferenz abgestimmt werden. Kurz vor der Konferenz bekniete sie der Klassenvorstand, sie solle doch von dem Antrag absehen, der Schüler sei jetzt ja einsichtig und es sei ja alles auch gar nicht so schlimm gewesen. Sie gab nach, denn sie konnte nicht mehr.

Auf den ersten Blick hört sich dieses Geschehen vielleicht nicht sehr dramatisch an – eine Lehrerin will einem Schüler eine schlechte Note geben und wird von einem Kollegen überredet, »nicht so nachtragend zu sein«. Ich lese den Brief aber anders: Eine Lehrerin wird vor versammelter Klasse von einem Schüler massiv bedroht, doch die Kollegen versagen den Schulterschluss. Sie erfährt sogar Druck von dieser Seite. Ihr wird bedeutet: Wenn du dich so anstellst, machst du uns nur noch mehr Arbeit!

Viele Lehrer, die ich kennengelernt habe, und viele, die mir schreiben, müssen an vielen Fronten gleichzeitig kämpfen: Da sind

- Schulleiter, die selbst unter enormem Druck durch Schulamt und Eltern stehen und einfach nur froh sind, wenn keine Klagen kommen,

- Kollegen, die sich eher als Konkurrenten denn als Teamplayer verstehen und es nicht immer neidlos aushalten, wenn ein Lehrer gut mit seiner Klasse zurechtkommt,
- Eltern, die sich umgehend an den Lehrer wenden, wenn ihr Kind ihrer Meinung nach zu schlechte Noten bekommt oder wenn es sich über zu viele Hausaufgaben beschwert,
- Schüler ohne emotionale und soziale Reife, die sich zum Teil aggressiv verhalten.

Wer so arbeiten muss, dem kommen früher oder später Zweifel. »Bin ich verrückt oder sind es die anderen?«, fragt er sich. Es braucht sehr viel Selbstbewusstsein, an dieser Frage auch nach zwanzig Jahren ideologischen Dauerbeschusses nicht irre zu werden. Jeder gestandene Pädagoge – Lehrer und auch Schulleiter –, der an sich zu zweifeln beginnt, mürbe wird und nur noch die Tage bis zu seiner Pensionierung zählt, ist ein großer Verlust für unsere Gesellschaft. Denn er ist die einzige Chance, die unsere Kinder im Moment haben.

Wenn ich anlässlich meiner Vorträge und der Einladungen zu Konferenzen mit Lehrern spreche, dann erfahren sie Bestätigung für ihr Bemühen, weiterhin auf die pädagogischen Tugenden Anleiten und Orientieren zu setzen, um unter den gegebenen Umständen das Mögliche zu erreichen. Ihre große Erleichterung, wenn ihnen klar wird, dass nicht sie für die Misere in ihren Klassen verantwortlich sind, ist geradezu mit Händen zu greifen. Vor allem die Jüngeren unter ihnen, die »normale« Verhältnisse nie kennengelernt haben, fragen sich ja: »Was mache ich nur falsch?« Dabei sind nicht sie es, die versagen, sondern die völlig verfehlte Bildungspolitik. Im Studium war es ihnen noch so logisch vorgekommen: Kindern müsse man alle Freiheiten lassen, nur das sei wertschätzend und der Entwicklung förderlich. Dass ein Unterricht, so wie er im Studium gelehrt wird, gar nicht funktionieren kann, sondern obendrein auch noch Lernerfolge verhindert, ist für viele Junglehrer der berühmte Praxis-Schock. Auch von der Vorstellung, dass sie als »Kumpel« der Kinder viel erreichen könnten (und bei ihnen beliebt seien) müssen sie sich verabschieden.

Auch wenn sich die Ausbildungsgänge in den Bundesländern stark unterscheiden können, gibt es doch fast immer einen gemeinsamen Nenner: Angehenden Lehrern wird nur sehr unzureichend eine Vorstellung von dem vermittelt, was sie in den Klassen erwartet. Der Vorwurf, dass das Lehramtsstudium sehr theoretisch ausgelegt ist und die Theorie noch nicht einmal in die Praxis umgesetzt werden kann, ist alt. Fragen wie: »Was mache ich, wenn ein Siebenjähriger durchdreht?« oder: »Wie setze ich einen Rahmen, wenn ich über keinerlei Möglichkeiten verfüge, Regeln durchzusetzen?« werden an kaum einer Hochschule behandelt. Auch die Reflexion über die persönliche Eignung – zum Beispiel: »Komme ich damit zurecht, die Verantwortung für fünfundzwanzig Kinder zu tragen?« und »Kann ich überhaupt frei sprechen?« – wird, wenn überhaupt, viel zu spät abverlangt. Die verschiedenen Reformen des Lehramtsstudiums haben offenbar keine wesentliche Verbesserung gebracht. Ich habe jedenfalls noch keinen Junglehrer getroffen, der sich nicht in seinen ersten Berufsjahren durchwursteln und das Rad neu erfinden musste.

Ich frage Frau P. über ihre Erfahrungen im Studium; sie hat in Berlin und Trier studiert. Als Gymnasiallehrerin profitiert sie nicht davon, dass händeringend

Lehrer gesucht werden, sondern hangelt sich mit ihrer Fächerkombination Geschichte und Geographie trotz Einser-Abschluss seit Jahren von einem Zeitvertrag zum nächsten.

MW: Was lernen Lehramtsstudenten während des Studiums?
RP: Da kann ich nur für mich sprechen, denn die Ausbildung ist von Bundesland zu Bundesland und auch von Hochschule zu Hochschule völlig unterschiedlich. Doch dass ganz allgemein im Studium der Anteil an Pädagogik und Entwicklungspsychologie verschwindend gering ist, wird wohl kaum jemand verneinen. Dabei sind das die Inhalte, die mir in der Praxis am meisten helfen.

MW: Wann standen Sie zum ersten Mal allein vor einer Klasse?
RP: Während meines Studiums arbeitete ich als Vertretungslehrerin in einer achten Klasse an einer Hauptschule; auf diese Weise habe ich mir einen Einblick in die Praxis verschafft, lange bevor das in meiner Ausbildung verpflichtend wurde. Ich kann mich sehr gut an eine meiner ersten Stunden erinnern. Ein Vierzehnjähriger zog sich aus und machte mir eindeutige Angebote; die Klasse johlte. Das war ein Vorgeschmack auf das, was auf mich zukam. Im Studium hatte ich bis dahin und auch später zu keiner Zeit das Rüstzeug dazu bekommen, wie ich mit so einer Situation umgehen könnte.

MW: Eigentlich ist es doch ganz normal, dass man seinen Beruf erst in der Praxis lernt, oder?
RP: Ja, das stimmt. Bei uns Lehrern ist es aber so, dass wir in der Praxis auf uns selbst gestellt sind. Entweder wir schwimmen, oder wir gehen unter.

MW: Wie kommen Sie heute mit extremen Situationen im Unterricht zurecht?
RP: Neulich hat sich ein Schüler der 10. Klasse vor versammelter Mannschaft über eine Mitschülerin lustig gemacht. Als ich ihn zurechtwies, kam er auf mich zu und ich wusste nicht, ob er mir als Nächstes eine langt. Das einzige Mittel, das mir in so einem Fall offiziell zur Verfügung steht, ist, dass ich mit dem Schüler einen Termin bei der Schulleiterin mache oder die Eltern zu einem Gespräch bitte. Aber solche Maßnahmen zeigen höchstens im Nachhinein eine Wirkung. Ich darf auch keine Sechs geben; weil die Note nicht leistungsbezogen wäre, ist das verboten. Wir Lehrer sind da total hilflos. In dem kritischen Moment kann ich nur klar auftreten und hoffen, dass das Eindruck macht.

MW: Was passierte?
RP: Ich stellte den Schüler vor die Wahl: runterfahren oder rausgehen und Kopf abkühlen. Er ging raus. Eigentlich hätte ich ihn gar nicht vom Unterricht ausschließen dürfen. Aber es war die einzige Möglichkeit, wieder Ruhe in die Klasse zu bringen. Reine Glückssache, dass keine Klagen kamen.

MW: Zurück zum Lehramtsstudium: Hat die Reform der Lehrerausbildung die Lage verbessert?
RP: Heute sind deutlich mehr Stunden vorgesehen, in denen die Studenten in Klassen hospitieren. Aber das löst das Problem nicht. Es ist ja etwas ganz anderes, während einer Schulstunde hinten drin zu sitzen und zuzuschauen, als tatsächlich allein vor einer Klasse zu stehen. Selbst die Prüfungsstunden für Referendare haben nichts mit dem Lehreralltag zu tun. Die Prüfer legen viel Wert darauf, dass der Unterricht möglichst reibungslos abläuft. Wir mussten ihnen im Voraus einen Verlaufsplan geben, in denen die Unterrichtsstunde buchstäblich minutenweise vorausgeplant

war. Mit dem Lehrer-Alltag hat so ein Schaulaufen kaum etwas zu tun. Übrigens: Je weniger ein Referendar nach dem Austeilen der Arbeitsblätter in die Stunde eingreifen und zum Beispiel einem Schüler etwas erklären musste, desto besser war seine Bewertung. Dieser Ansatz ist meilenweit von dem entfernt, was ich für einen guten Unterricht halte.

MW: Bedeutet das, dass Sie die Schulpolitik etwas weltfremd finden?
RP: Ich habe den Eindruck, dass sich da einige Leute verwirklichen und ihre Vorstellungen bei uns abladen. Manchmal sind die Ideen sogar richtig gut, aber in der Praxis lassen sie sich kaum umsetzen, weil wir sowieso schon alle Hände voll damit zu tun haben, minimale Lernergebnisse zu erzielen. Zum Beispiel wurde Geschichte lange Zeit chronologisch unterrichtet. Dann sollten es auf einmal Längsschnitte sein. Ich sollte nun zum Beispiel mit den Kindern das Thema Armut durch die Jahrhunderte betrachten. Als Anregung ist das super! Aber dass die Umsetzung mit einem hohen Aufwand verbunden ist, scheint niemand auf dem Schirm zu haben. Und es bleibt ja nicht nur bei der einen Änderung. In Berlin war es ganz extrem, in den 18 Monaten meines Referendariats gab es kaum einen Monat, in dem wir nicht irgendwelche neuen Ideen umzusetzen hatten.

Welche Bedingungen brauchen Lehrer heute, um einen effektiven Unterricht machen zu können? In Bozen habe ich eine Grundschule besucht, von deren Betreuungsschlüssel wir hier in Deutschland nur träumen können: Klassen mit vierzehn, fünfzehn Schülern werden jeweils von einer Lehrerin und einer Erzieherin betreut. Das heißt: Auf etwa sieben Kinder kommt ein Lehrer. Zudem war der Klassenraum unterteilt, so dass die beiden Lehrpersonen frei wählen konnten, ob sie ihre Klasse gemeinsam unterrichten oder in Gruppen aufteilen wollen. Das Zahlenverhältnis von Schülern und Lehrern ist typisch für die norditalienische Provinz Südtirol: Im Schuljahr 2016/17 lag dort der Durchschnitt bei Grund-, Mittel- und Oberschulen bei 8,1 Schülern pro Lehrer.[50]

Diese Bedingungen halte ich für ideal, denn sie eröffnen die Möglichkeit, dass Lehrer und Erzieher Hand in Hand die Entwicklung der psychisch nicht altersgemäß gereiften Kinder nachholen können. Mit Unterstützung eines ausgebildeten Sonderpädagogen kann bei dieser Klassengröße sogar die Inklusion körperlich beeinträchtigter und psychisch auffälliger Kinder gelingen, wenn diese prinzipiell fähig sind, sich sozial an eine Gruppe anzupassen.

In Deutschland sind wir jedoch weit von einem Lehrer-Schüler-Verhältnis von 1:7 entfernt. In Nordrhein-Westfalen liegt die Obergrenze je nach Schulform bei 29 oder 30 Kindern; sie werden von *einem* Lehrer betreut. Unter bestimmten Bedingungen kann sogar dieser Wert noch deutlich überschritten werden. Bei dem aktuell herrschenden und absehbar auch in den nächsten Jahren noch anhaltenden Lehrermangel dürften solche Überschreitungen zur Regel werden.

Trübe Aussichten also – und doch dürfen Pädagogen und Erzieher nicht aufgeben. Auch unter schwierigen Bedingungen gibt es für sie Möglichkeiten, die Kinder und Jugendlichen in ihrer nachträglichen Entwicklung zu unterstützen. Ich bin kein Didaktiker, meine Rolle ist es aufzuzeigen, was seit so vielen Jahren in der Bildungslandschaft schiefläuft und warum die Idee, dass Lehrer und Schüler auf einer Hierarchiestufe zu stehen haben, ins Chaos führt. Handlungsanweisungen kann und will ich deshalb keinesfalls geben. Doch ich kann aus der Sicht des Kinderpsychiaters einige Anhaltspunkte liefern. Sie beziehen sich zum Teil auf bestimmte Methoden, die ein Pädagoge, der seinen Schülern Orientierung bietet, mit einiger Wahrscheinlichkeit erfolgreich anwendet. Zumindest bei den ersten fünf Punkten wird sich so mancher erfahrene Pädagoge wundern, warum ich solche Selbstverständlichkeiten nenne. Doch aus meinen Gesprächen heraus weiß ich, dass es eben auch viele Lehrer gibt, die nur auf kraftzehrenden Umwegen zu diesen Erkenntnissen kommen würden, bzw. ein wenig Unterstützung brauchen können, um ihrer Intuition treu zu bleiben.

1. **In ihrer psychischen Entwicklung zurückgebliebene Kinder identifizieren.** Nicht nur diejenigen Kinder und Jugendlichen, die durch ihr aggressives und unsoziales Verhalten Mitschüler und Lehrer terrorisieren, müssen noch vieles in ihrer psychischen Entwicklung aufholen. Auch die Kinder, die durch ständiges Rückfragen und Sich-dumm-Stellen ihr Gegenüber steuern, sind auf der psychischen Stufe eines Kleinkindes stehengeblieben. Ich denke, so mancher Lehrer wird sich die Augen reiben und sich darüber wundern, wie viele Schüler in seiner Klasse tatsächlich dringend eine Unterstützung in der Entwicklung ihrer Psyche auf den altersgemäßen Stand benötigen. Wenn er erkennt, dass hinter jedem steuernden Schüler ein Kleinkind steckt, das nach Orientierung sucht, dann wird es ihm gelingen, ihnen so zu begegnen, wie es bezogen auf ihren Entwicklungsstand angemessen ist.
2. **Sich selbst vertrauen.** Soll ein Lehrer eine Lehrmethode anwenden, hinter der er nicht steht, ist das demotivierend und frustrierend. So lange der Rah-

men stimmt – der Lehrer bezieht die Kinder auf sich und führt sie durch den Unterricht – sollte ein Lehrer seine eigenen Ideen umsetzen dürfen; denn jede Klasse und auch jeder Lehrer ist anders. Kann er sich mit seinem Unterricht identifizieren, wird auch der Funke zu den Kindern überspringen. Das ist es, worauf es ankommt.

3. **Mit den Kindern in Kontakt sein.** Auf sich allein gestellt, sind die Kinder überfordert, die Welt um sie herum erscheint ihnen diffus und unverständlich. Die einen reagieren darauf mit Rückzug, andere werden aggressiv. Nur über Bindung und Beziehung zum Erwachsenen entwickelt sich ihre Psyche. Dass das Feedback des Lehrers (auch in Form von Noten) für ein Kind so unglaublich wichtig ist, zeigt, wie sehr es auf der Suche nach Orientierung ist. Das Loben für erwünschtes Verhalten ist eine wichtige Form der Zuwendung und mindestens genauso wichtig wie eine eindeutige Reaktion auf unerwünschtes Verhalten des Kindes.

4. **Klare Anweisungen geben.** Heißt es heute »hü« und morgen »hott«, kann das Kind keine Muster erkennen und hat keine Chance, zu einem konsistenten Weltbild zu kommen. Sind dagegen klare Regeln vorgegeben, weiß es, woran es ist und fühlt sich sicher. Natürlich testet es hin und wieder die Grenzen aus; hier ist jeder Lehrer gefordert, dem Kind durch seine klare Reaktion mit Affekt eine Orientierung und somit Halt zu geben.

5. **Den Unterricht ritualisieren und entschleunigen.** Je weniger die Kinder entwickelt sind, umso wichtiger sind für sie möglichst gleiche Abläufe und möglichst wenig Hektik im Unterricht. Man kennt von Kleinkindern, wie sehr sich Spannung und Druck auf sie überträgt.

Gleiches gilt für nicht entwickelte größere Kinder und Jugendliche. Deshalb ist für eine konstruktive Arbeitsatmosphäre die innere Ruhe des Lehrers so wichtig.
6. **Aus dem Einzelkämpfer-Status herausfinden.** In Teams, die aus verschiedenen Mitgliedern der heilpädagogischen Berufe gebildet werden, ist es normal, dass sie sich *gemeinsam* der Aufgabe widmen, ein ihnen anvertrautes Kind zu entwickeln. Diesen Schritt müssten auch Kollegien an allgemeinbildenden Schulen schaffen. Mit dem Schulleiter als Integrationsfigur können Lehrer das Konkurrenzdenken, wo vorhanden, überwinden und Hand in Hand arbeiten. Die Zusammenarbeit kann sogar schulübergreifend stattfinden. Kürzlich habe ich in der Stadt Ibbenbüren, nahe Osnabrück, ein überzeugendes Modell kennengelernt: Einmal im Jahr lädt die Stadt die Lehrer aller Schulen zum Schulgespräch ein. Vom gegenseitigen Austausch profitieren alle.
7. **Die Schüler engmaschig anleiten und begleiten und ihnen etwas abverlangen.** Dieser letzte Punkt verdient es, dass ich näher auf ihn eingehe.

Seit nunmehr fast zwanzig Jahren wird gebetsmühlenartig wiederholt: Lernen muss den Kindern Spaß machen. Doch wenn der Lehrer den Schülern abverlangt, sich auf den Unterricht zu konzentrieren, Frustrationen auszuhalten, lernbereit zu sein und vieles mehr, dann macht ihnen das nur selten Spaß. Also ist das Anleiten und Begleiten vielerorts aus dem Unterricht verschwunden, und damit auch, dass Kinder etwas einüben. Die Folge ist fatal. Dass so viele Kinder kaum noch im Kopf rechnen oder lesbar schreiben können, ist ja nur ein kleiner Teil der Defizite, die entstehen. Schlimmer ist, dass es ohne

Anleitung und Begleitung keine Entwicklung ihrer emotionalen und sozialen Psyche gibt.

Kinder wollen *lernen*. Das ist in ihnen so angelegt, es ist für sie eine Frage des Überlebens. Aber kein Kind *übt* freiwillig etwas, was ihm keinen Spaß macht. Darf es sich aussuchen, mit welchen Vokabeln es sich beschäftigt, wird es die auswählen, die es schon kann. Eine Mutter berichtete mir, dass ihr Sohn an seinen ersten drei Schultagen jedes Mal mit exakt demselben Arbeitsblatt nach Hause kam, auf dem er Figuren ausgemalt hatte. Dass er dreimal dieselbe Aufgabe ausgewählt hatte, war für die Lehrerin in Ordnung.

Darf ein Kind stets bestimmen, was es lernen will, bleibt sein Weltbild auf Kleinkind-Niveau: »Ich kann das!« Vier- bis Fünfjährige sind davon überzeugt, dass sie einen Kampf gegen Löwen und Tiger gewinnen würden; das ist in diesem Alter völlig normal. Nicht dem Alter angemessen ist es dagegen, wenn Schüler durch Grundschule und weiterführende Schule hindurch in ihren »Ich kann das!«-Phantasien fortwährend bestätigt werden. Denn wenn ihnen das Üben nicht abverlangt wird, kommen sie nie an den Punkt, an dem sie sich sagen müssen: »Das kann ich noch *nicht*.« Sie dürfen dann auch nie die Erfahrung machen, dass sie etwas erreichen, wenn sie sich anstrengen. Auch die Freude darüber, dass der Lehrer sie aus gutem Grund lobt, ist ihnen genommen. Es gibt sogar Kinder, die nicht auf dem Niveau von Vierjährigen, sondern auf dem von auf 18 Monate alten Kleinkindern stehengeblieben sind. Sie erkennen einen Erwachsenen nicht als Gegenüber, denn ihr Weltbild sagt ihnen: »Ich brauche niemanden; ich komme ganz allein zurecht.«

Der Lehrer muss anleiten, und das Kind muss üben – sonst wird das nichts. Niemand würde auf die Idee kommen, ein Kind könnte Geigenspielen lernen, wenn man ihm eine Geige ins Kinderzimmer legt und sagt: »Wenn du Lust hast, nimmst du sie in die Hand und schaust mal, ob es dir Spaß macht.« Es macht auch keinen Sinn, an der einen Lernstation den Aufwärtsstrich mit dem Bogen und an der nächsten Lernstation den Abwärtsstrich zu üben. Nur im engen Kontakt zum Musiklehrer kann das Kind bald die ersten einfachen Lieder spielen. Er hält es immer wieder zum Üben an, ermuntert es und bewahrt es davor, dass sich Fehler einschleifen. Von der ersten Stunde an freut er sich über Erfolge mit. Das Kind lässt sich gerne von ihm führen, denn es erlangt durch ihn Sicherheit, was richtig und falsch ist. Wie blüht es auf, wenn es zum ersten Mal vor den Eltern ein kleines Lied spielt! Wenn nach Jahren die Bewegungsabläufe gut eingeübt sind, ist die Basis gelegt, und es kann mehr Gewicht auf die Finessen gelegt werden. Immer besser kann das Kind seine Gefühle in seine Musik legen. Von allein wäre es nie dorthin gekommen. Wer den Kindern das Üben nimmt, nimmt ihnen auch die großartigen Erfolgserlebnisse und den Stolz auf die eigenen Leistungen.

Es gibt noch Hoffnung! Eine fehlende Entwicklung der Psyche ist aufholbar. Nicht durch Strenge, Erklärungen oder Erziehung, sondern allein durch stete Anleitung und Begleitung. Nur bei jungen Erwachsenen ab etwa fünfundzwanzig Jahren ist es nicht mehr möglich, Versäumtes nachzuholen; ab diesem Alter ist die Persönlichkeit festgelegt (das 8. Kapitel geht näher auf dieses Thema ein). Bei allen anderen können Lehrer mit kleinschrittigem Anleiten und Begleiten schon nach wenigen Wochen erste Fortschritte erzielen. Sie setzen sich neben das Kind und sagen zum Beispiel: »So, jetzt hol mal das Deutschheft raus, da oben in die

Ecke kommt das Datum. Sehr gut. Und jetzt schreibst du die Überschrift.« Alles andere würde ein nicht entwickeltes Kind überfordern. Die Schüler entspannen sich und sind nicht mehr so hochgedreht. Denn ihnen wird nur das abverlangt, was sie auch leisten können. Wenn sie erfolgreich einen kleinen Arbeitsauftrag ausgeführt haben – zum Beispiel ein Papier in den Papierkorb geworfen haben –, sind sie glücklich. Endlich stimmen ihre Psyche und die Art und Weise, wie mit ihnen umgegangen wird, überein.

Müsste ein Lehrer nur einem oder zwei Kindern diese besondere Zuwendung zukommen lassen, läge dieses Vorgehen im Bereich des Möglichen. Doch er hat ja zehn, zwanzig Kinder in seiner Klasse sitzen, die so eine zeitintensive Zuwendung benötigten. Völlig unmöglich, im Alleingang so viele Kinder gleichzeitig auf Stand zu bringen! Lehrer sitzen also zwischen den Stühlen: Eigentlich müssten sie erst einmal dafür sorgen, dass die Psyche *aller* Schüler auf dem altersgemäßen Stand ist, können das aber unter den aktuellen Bedingungen definitiv nicht leisten. Andererseits wissen sie, dass es bei den vielen unentwickelten Kindern keine Früchte tragen kann, wenn sie einfach nur das Curriculum »durchziehen«. Denn die Vermittlung von Lerninhalten macht nur dann Sinn, wenn sie bei den Schülern auf eine entwickelte Psyche treffen. Ist das nicht der Fall, haben sie alles schnell wieder vergessen.

Keinesfalls darf den Lehrern aufgebürdet werden, allein den Karren aus dem Dreck zu ziehen. Gefragt ist die Schulpolitik. Sie darf die Augen vor den katastrophalen Zuständen nicht mehr verschließen, sondern muss endlich *erkennen* und *zugeben*,

- dass Kinder in Kindergarten, Grundschule, weiterführender Schule und Berufsschule weit hinter dem zurückbleiben, was sie in ihrem jeweiligen Alter eigentlich können müssten,
- dass der hohe Anteil an nicht entwickelten Kindern, kombiniert mit großen Klassen, einen effektiven Unterricht nur sehr eingeschränkt möglich macht,
- dass den Lehrern fast alle Handlungsoptionen entzogen wurden und sie bis über ihre Grenzen hinaus belastet sind,
- dass Erwachsene die Kinder wieder anleiten und begleiten müssen, damit die kindliche Psyche in Kindergarten und Schule entwickelt wird.

Erst wenn wir uns die katastrophale Lage an Kindergärten und Schulen nicht mehr schönreden, können wir auch reagieren. Dann werden wir auch nicht mehr nur an Symptomen herumdoktern, sondern werden wieder das Kind in den Mittelpunkt unserer Bemühungen stellen. Mit anderen Worten: Statt Lehrer mit Body-Cams auszustatten, so wie es bereits in Großbritannien getestet wird, werden wir den Kindern wieder ein Gegenüber sein, an dem sie sich orientieren können.

Fazit:

Lehrer werden im Bildungswesen verschlissen. Zu Lernbegleitern abqualifiziert, wird es ihnen schwer gemacht, pädagogisch orientierend auf die Klasse einzuwirken. Ihren Schülern, deren emotionale und soziale Psyche denen von Kleinkindern entspricht, stehen sie hilflos gegenüber. Immer mehr wird ihnen aufgebürdet, auf die Unterstützung von Vorgesetzten, Kollegen und Eltern warten sie meist vergeblich. Kein Wunder, dass viele Lehrer demotiviert und ausgebrannt sind. Zwei Dinge führen aus dieser untragbaren Situation heraus: Ein Arbeitsklima, in dem Lehrer konsequent auf die Missstände hinweisen können. Denn dann *muss* sich die Bildungspolitik ändern. Und mit kleinschrittigem Üben können sie die Psyche ihrer Schüler zumindest ansatzweise entwickeln.

Kapitel 7
DIE ELTERN – KLARER BLICK STATT SAND IN DEN AUGEN

Ich will nicht um den heißen Brei herumreden – am Anfang der Probleme, die wir aufgrund der vielen nicht entwickelten Kinder und Jugendlichen haben, stehen ihre Eltern. Das liegt weniger daran, dass diese heute kaum Zeit für ihre Kinder haben, sondern daran, dass sie nicht mehr erkennen, was die Kinder von ihnen brauchen. Weil die meisten Eltern dauerhaft überreizt und gestresst sind, spüren sie nicht mehr das Bedürfnis des Kindes nach Zuwendung, Sicherheit und Führung.

Wir alle kennen das: Viele Menschen befinden sich in einem fortwährenden Ausnahmezustand. Ihr Leben wird von dem Gefühl bestimmt, zu nichts zu kommen; es fehlt an Erholung, jeder Tag wird gerade so überstanden. Fast zu jedem Zeitpunkt fordern digitale Medien ihre Aufmerksamkeit und drücken sie in eine Dauer-Überreizung, die ihnen gar nicht mehr bewusst ist. Selbst die Freizeit wird mit Action und digitalen Aufregungen gefüllt. Immer und überall wird das Smartphone herausgeholt, das den Zustand der Unruhe auf neue Höhen pusht. Diese Reizüberflutung lässt Erwachsene in einen Katastrophenmodus voller Hektik und diffuser Ängste geraten. Die fehlende Ruhe und Ausgeglichenheit beeinflusst das Verhältnis von Eltern zu ihren Kindern: Zur Kompensation der ständigen Überforderung können sie in die Beziehungsstörung der Symbiose rutschen. Das heißt: Sie unterscheiden nicht mehr zwischen sich selbst und ihrem Kind. Es wird – unbewusst – wie ein eigener Körperteil, wie ein dritter Arm wahrgenommen. Die eigene Psyche wird mit der des Kindes verschmolzen.

Es gibt einen Abschnitt im Leben jedes Kindes, in dem diese Symbiose zwischen ihm und seiner Mutter nicht nur normal, sondern von größter Wichtigkeit für seine Entwicklung ist: seine ersten neun Lebensmonate. In diesem Zeitraum fühlt die Mutter für den Säugling mit; sie weiß intuitiv, wann ihr Kind essen, wann es schlafen muss, wann es Zuwendung benötigt. Nach diesen neun Monaten erkennt das Kind, dass die Welt viel größer ist als es selbst, als Mama und Papa es sind. Seine Entwicklungsschritte führen es nun von der Mutter fort – auch räumlich gesehen, denn das Kind fängt an, zu krabbeln und zu laufen. Es kann die Welt entdecken, ohne dauernd auf dem Arm getragen werden zu müssen. So weit ist alles im Plan.

Sind die Eltern aber in der Symbiose gefangen, werden die Kinder von ihnen buchstäblich vereinnahmt. Die psychische Verschmelzung unterbindet beim Kind jede Form der Expansion, gleichzeitig verlieren Eltern ihre Intuition. Wenn ein Kind hinfällt und schreit, können Eltern normalerweise sehr gut unterscheiden, ob es sich wirklich wehgetan hat oder ob es ein Drama macht. Doch Eltern in der Symbiose können das nicht mehr einschätzen. Die einen bleiben unbeteiligt, auch dann, wenn das Kind sich wirklich wehgetan hat; andere stürzen in jedem Fall auf das Kind zu. Was das Kind bewegt, können sie nicht kritisch hinterfragen. Kommt es also aus der Schule nach Hause und sagt, dass der Lehrer blöd zu ihm war, dann wird das kritiklos angenommen. Die Idee, das Kind könnte zu Recht vom Lehrer ermahnt worden sein, hat in der Symbiose keinen Raum.

Wenn ihr Kind jammert oder Forderungen stellt, haben Eltern in der Symbiose nur einen Wunsch: Wie bekomme ich das Kind wieder ruhig? Oder besser gesagt: Wie bekomme ich *mich* wieder ruhig? Zappelt das Kind herum, ist es für Eltern in der Symbiose ja so, als würde der eigene Arm nervös zucken. Sofort wird alles darangesetzt, den »Arm« zu beruhigen. In meiner Praxis kann ich das jeden Tag in vielen Varianten beobachten.

Ich sitze mit der Mutter eines einjährigen Mädchens im Besprechungsraum und unterhalte mich mit ihr über den Grund ihres Kommens. Die Tochter sitzt auf dem Boden und spielt mit einem Bilderbuch. Als das Kind Anstalten macht aufzustehen, springt die Mutter wie von einer Tarantel gestochen mitten im Satz auf, wendet sich von mir ab und nimmt ihr Kind reflexartig auf den Arm. Alles andere ist schlagartig vergessen.

Eine weitere Folge der Symbiose ist, dass Eltern nicht Nein sagen können; ihrem Kind etwas abzuschlagen würden sie wie einen Körperschmerz empfinden. Wenn zum Beispiel abgemacht wurde, dass das Kind nur eine halbe Stunde am Tag mit dem Computer spielen darf, muss es nur ein wenig nörgeln, damit aus der angesagten halben Stunde ein Zeitraum mit offenem Ende wird. »Lass ihn doch!«, heißt es dann. Denn die Verschmelzung der Psyche bedeutet ja, dass das (vermeintliche) Glück der Kinder zum Glück der Eltern wird.

Dass das Kind dann stundenlang an der Xbox hockt oder sich in Computerspielen verliert, ist schlimm genug. Der eigentliche Schaden aber entsteht, weil die elterliche Reaktion »Wir geben dem Kind umgehend das, was es verlangt« von Natur aus nur zu Kindern passt, die maximal neun Monate alt sind. Um ein Baby, das jammert, weil die Windel nass ist, *müssen* sich die Eltern kümmern. Und auch um ein acht Monate altes Kind, das unleidlich ist, weil es Hunger hat. Doch während sie sich in den ersten Lebensmonaten des Kindes ihm möglichst sofort zuwenden (sonst wird es kein Urvertrauen ausbilden), lassen sie das ein- oder zweijährige Kind intuitiv auch mal eine Minute warten. Der Vater, der gerade einen Topf auf dem Herd hat, weiß intuitiv, dass er dem Dreijährigen sagen kann: »Warte mal, ich muss erst die Nudeln abgießen, dann kannst du mir dein Bild zeigen.« So lernt das Kind mit der Zeit und seinen Möglichkeiten entsprechend, dass es Momente gibt, in denen es *nicht* bestimmt, was passiert. Wenn also Eltern in der Symbiose auch dann noch auf das Verhalten ihres Kindes reflexartig reagieren, wenn es längst in Kindergarten oder Schule geht, bestätigen sie dauerhaft das Weltbild des Kleinkindes. Es erwartet dann auch weiterhin, dass es alles um sich herum bestimmen und steuern kann.

Viele Kinder erleben, dass Mama, Papa und auch andere Erwachsene sich von ihnen steuern lassen. Sie dürfen also nicht die Erfahrung machen, dass Erwachsene ihnen sagen, wo es langgeht. In ihrem Weltbild sind Erwachsene, an die sie sich halten können, gar nicht vorhanden – deshalb sind sie mit drei Jahren auch nicht kindergartenreif. Dies setzt die Lawine in Gang. Denn sie werden ja auch dann in den Kindergarten aufgenommen, wenn sie noch nichts von Strukturen wissen und immer noch das Weltbild haben, dass sie alles und jeden steuern können. Im Kindergarten müssten die Erzieher nachholen, was im Elternhaus versäumt wurde. Bei dem herrschenden Personalschlüssel ist das aber gar nicht möglich. Die Erzieher werden von den unentwickelten Kindern ja noch nicht einmal als Erwachsene erkannt, an die sie sich halten müssen. Dazu kommt, dass in vielen Kindergärten die Erzieher angewiesen sind, genau das Gegenteil von dem zu tun, was die Entwicklung noch aufholen könnte: Statt dem Kind ein Gegenüber zu sein, sollen sie die Kinder sich selbst überlassen.

Dass nicht schon beim Eintritt in den Kindergarten das ganze System in die Luft fliegt, hat nur einen Grund: In den offenen Kindergartengruppen dürfen die Kinder genau so agieren, wie sie es von Hause aus gewohnt sind. Ihnen werden von den Erwachsenen höchstens Angebote gemacht, womit sie sich beschäftigen könnten. Wenn sie keine Lust zum Singen oder Basteln haben, gehen sie eine Ecke weiter und machen eben etwas anderes. Eine orientierende Begrenzung durch die Erzieher erfahren sie nicht.

Selbst beim nächsten Schritt im Leben des Kindes, dem Übergang in die Grundschule, sind die Alarmglocken auf stumm geschaltet. Denn dort geht es weiter wie im Kindergarten: Das Kind bedient sich aus den Angeboten nach Lust und Laune – dieses Mal am Lern-Büffet. Vier Jahre später werden die Kinder an die weiterführende Schule weitergereicht. Vor einigen Jahren noch gab es bei diesem Übergang regelmäßig einen Schock, weil nun endlich klar wurde, dass viele Kinder nicht über eine altersgemäße Psyche verfügen und im Grunde noch nicht einmal schulreif sind. Doch auch hier hat man sich mittlerweile arrangiert. Denn an vielen weiterführenden Schulen hat sich ebenfalls die völlig an den Bedürfnissen des Kindes vorbeigehende Auffassung breitgemacht, dass das Kind sich »aus sich heraus« entwickeln müsse. Entsprechend gibt es auch dort bereits Lerntheken und andere Auswüchse des »autonomen Lernens« – am ehesten widerstreben noch die Gymnasien dieser Tendenz.

Mittlerweile beginnt man sogar, sich damit abzufinden, dass viele Jugendliche und junge Erwachsene bei ihrem Übertritt in die Berufsschule oder auf die Universität weder über die nötigen sozialen und emotionalen Fähigkeiten verfügen, noch in irgendeiner Weise belastbar sind. Wie selbstverständlich werden Fördermaßnahmen eingerichtet und Aufhol-Kurse angeboten, doch ohne entwickelte Psyche wird bei den jungen Erwachsenen nicht viel hängenbleiben.

Das Scheitern der betroffenen Jugendlichen ist vorprogrammiert. Weil sie nicht auf eigenen Füßen stehen können, bleiben sie – bildlich gesprochen – den Eltern ein Leben lang auf dem Schoß sitzen und müssen später von der Gesellschaft aufgefangen werden. In den Körpern von Erwachsenen stecken Kleinkinder, die immer noch erwarten, dass sie alles steuern können. Wenn man sie machen lässt, was sie möchten, herrscht Ruhe, sobald sie aber gefordert werden, machen sie dicht. Gleichzeitig sind sie aber auch frustriert, sie ahnen ja, dass etwas nicht mit ihrem Leben stimmt (mehr zum Unglück der Kinder im nächsten Kapitel). Ich will hier mit der folgenden wahren Geschichte vorgreifen, wie die Sache enden kann:

Eine Mutter erscheint bei dem Sachbearbeiter der Arbeitsagentur. Ihr Anliegen: Sie will für ihren 25-jährigen Sohn Hartz IV beantragen. Als der Angestellte der Mutter sagt, dass da der Sohn schon selber kommen müsse, antwortet diese: »Das geht aber nicht. Den kriege ich hier gar nicht hin.«

Was also können Eltern tun, um ihren Kindern den Weg in ein eigenständiges Leben zu ebnen? Auch hier ist Klartext angesagt: Mit der Frage, ob Eltern erkennen können, dass sie sich in einer Symbiose mit ihren Kindern befinden und wie sie gegensteuern können, habe ich mich in den vorhergehenden Büchern befasst.[3] Hier im Buch will ich vor allem die Eltern stärken, die noch ihre

---

3 Vgl. dazu vor allem mein erstes Buch »Warum unser Kinder Tyrannen werden« (siehe Übersicht im Anhang).

Intuition bewahrt haben und ihrem Kind Orientierung bieten.

- Sie sehen ihr Kind als der Zuwendung bedürftig und nicht als kleinen Erwachsenen, der eigentlich schon alles kann.
- Sie begleiten es in seiner Schulleistung.
- Sie sorgen dafür, dass das Kind nicht gemachte Hausaufgaben nachholt.
- Sie schreiben ihm keine Entschuldigung, wenn es keine Lust auf Schule hat.
- Sie gehen *nicht* nachmittags mit dem Kind in einen Freizeitpark, wenn es mit einem Verweis des Lehrers nach Hause gekommen ist.
- Sie schenken ihm *nicht* zum ersten Schultag ein Smartphone, etc.

Mit dieser Beziehung zum Kind, in der das Kind nicht egal ist, sondern Orientierung und damit Sicherheit erfährt, gehören sie zu einer Minderheit. So wie bei den Pädagogen, die ihre Schüler noch anleiten und begleiten, sehe ich bei ihnen die Gefahr, dass sie mit der Zeit mürbe werden und an sich zu zweifeln beginnen. Sie brauchen den Zuspruch, dass sie auf dem richtigen Weg sind, und auch Unterstützung, falls sie doch noch in den Katastrophenmodus und die Symbiose abzugleiten drohen. Die folgende Aufzählung ist ein sehr grober Überblick über Verhaltensweisen, mit denen Eltern den Reifungsprozess ihrer Kinder in Gang halten (beziehungsweise den Nachreifungsprozess in Gang setzen) können.

- **Zur Ruhe kommen.** Im Katastrophenmodus wird schon das morgendliche Aufwachen vom Gedanken beherrscht: »Wie soll ich das heute nur alles schaffen?« Und tagsüber stolpert man den Anforderungen hinterher – während man noch versucht, die eine Situation zu bewältigen, denkt man schon mit Schrecken an die nächste. Leider ist diese Hektik so normal geworden, dass sich viele Menschen es sich gar nicht mehr anders vorstellen können. Um wieder den Zugang zu sich selbst zu finden, brauchen Erwachsene Zeiträume, die möglichst frei von äußeren Reizen sind und in denen sie sich erholen können. Längere Waldspaziergänge für sich allein und Meditation sind nur zwei der Möglichkeiten, dies zu erreichen. Sobald die Eltern für mehr Ruhe in ihrem Leben sorgen, sind sie auch wieder im direkten Kontakt mit dem Kind und mit ihrer Intuition.

Oft lautet der Einwand: »Freie Zeit allein für mich kann ich mir gar nicht leisten!« Das ist aber nur sehr selten wirklich so. Denn fast immer kann mit nur einem Knopfdruck umgehend die größte Störquelle unschädlich gemacht werden: das Smartphone. Zusammen mit anderen digitalen Geräten ist es mit Abstand der mächtigste Zeitfresser und Aufreger in unserem heutigen Leben. 21- bis 30-Jährige sind unglaubliche 6,9 Stunden am Tag online, die 31- bis 40-Jährigen 4,5 Stunden[51]. In dieser Zeit wird vorwiegend gechattet (81 Prozent der Befragten sagten: »Ja, nutze ich aktuell«), es werden Neuigkeiten abgefragt (70 Prozent) und eingekauft (65 Prozent). Mit dem Beruf hat das kaum etwas zu tun, nur 32 Prozent geben an, auch für die Arbeit online zu sein.[4]

---

4   Mit dem Phänomen des Katastrophenmodus (Ursache und Lösung) habe ich mich in meinem Buch »Mythos Überforderung« (siehe Übersicht im Anhang) ausführlich auseinandergesetzt.

Wissenschaftler haben mittlerweile einen Namen dafür, wenn die Interaktion zwischen Eltern und Kind durch das Smartphone und andere digitale Geräte unterbrochen wird: Technoferenzen. Schon ein Smartphone-freier Tag öffnet die Augen dafür, wie viel Zeit für die Beziehung zum Kind zur Verfügung stehen kann.

- **Verzögert und ruhig auf die Aufforderungen des Kindes reagieren.** Alle Kinder und Jugendlichen brauchen die Zuwendung ihrer Eltern. In welcher Form und in welcher Intensität das geschieht, ist vom Alter des Kindes und der Situation abhängig. Verfügen Eltern über ihre Intuition, wissen sie, was ihr Kind gerade benötigt. Gerade bei nicht entwickelten Kindern trägt es zu ihrer Realitätsfindung bei, wenn Eltern nicht mehr sofort aufspringen, wenn das Kind es sich so vorstellt.
- **Das Kind bewusst kleinschrittig anleiten.** Wenn ein Kind oder ein Jugendlicher seine Umgebung wie ein Kleinkind steuert, ist der Familienfrieden gestört. In diesem Fall ist es entscheidend, wenn die Erwachsenen das Kind in Abläufen begleiten und kleinschrittig anleiten. Nur darüber kann sich seine emotionale und soziale Psyche an der Basis bilden. In der Familie würde sich dieses kleinschrittige Anleiten zum Beispiel auf das Anziehen, Aufräumen, Hausaufgabenmachen beziehen.

Da jedoch immer mehr Eltern im Katastrophenmodus gefangen sind, kann der Nachreifungsprozess der emotionalen und sozialen Intelligenz des Kindes im Wesentlichen nur in Kindergarten und Schule stattfinden – das ist dort allerdings nur auf der Ebene einer Bindung und Beziehung zwischen Lehrern beziehungsweise Erziehern zum Kind möglich. Unter ruhigem und kleinschrittigem

Anleiten entwickelt sich das Kind zu einem umgänglichen, aufmerksamen und motivierten Familienmitglied und Klassenkameraden. Erste Erfolge sind schon nach sechs Wochen zu beobachten. Nach einem Dreivierteljahr verfügen die Kinder, deren Psyche auf Kleinkindniveau steckengeblieben war, über einfache soziale Verhaltensweisen. Der Erwachsene darf miterleben, wie das Kind immer mehr wahrnimmt und wie es im Schnelldurchlauf die fehlenden Entwicklungsschritte nachholt. Bis die psychische Entwicklung des Kindes oder des Jugendlichen vollständig aufgeholt ist, dauert es meiner Erfahrung nach etwa eineinhalb Jahre. Diese Zeitspanne ist genauso festgelegt, wie es zum Beispiel auch die Dauer einer Schwangerschaft ist. Beides ist nicht von irgendwelchen individuellen Eigenschaften abhängig, sondern wird allein durch den nötigen Reifungsprozess bestimmt. Die einzelnen Entwicklungsschritte, die bei jedem Kind dieselben sind, sind im Anhang aufgeführt.

Das Tragische an der heutigen Schullandschaft ist, dass an den meisten Kindergärten und Schulen aus den genannten Gründen genau diese Nachreifung nicht stattfindet. »Autonomes Lernen« und Entwicklung der Psyche sind diametral entgegengesetzt. Das ist auch für die Eltern von größter Bedeutung, die sich *nicht* im Katastrophenmodus befinden und in der orientierenden Beziehung zum Kind dessen emotionalen und sozialen Fähigkeiten entwickeln. Schon immer konnten Eltern ihre Verantwortung nur zum Teil an Kindergarten und Schule abgeben. Doch weil die Institutionen heute ihren Part zur Entwicklung der Kinder nicht zuverlässig beisteuern, ist selbst dieses teilweise Abdelegieren an die Lehrer nur noch eingeschränkt möglich. Ich will das am Beispiel der Hausaufgaben erläutern – sie sind das Bermuda-Dreieck zwischen Eltern, Kindern und Lehrern.

Kein Kind macht für sich seine Hausaufgaben; auch dann nicht, wenn es seinem Alter gemäß psychisch entwickelt ist. Schon allein deswegen ist es ein Riesenfehler, dass sie in vielen Schulen kaum noch nachgeschaut werden. Warum sollte sich ein Kind anstrengen, wenn es den Lehrer gar nicht interessiert, ob und wie es die Hausaufgaben gemacht hat? Eine junge Lehrerin erzählte mir, dass einmal, als sie wie in jeder Stunde sich von ihren Schülern die Hausaufgaben zeigen ließ, die Schulleiterin ins Klassenzimmer kam. Erstaunt sagte sie: »Ach, Sie kontrollieren die Hausaufgaben noch? Na, das ist aber schön!«

Die Wertschätzung seiner Arbeit braucht das Kind nicht nur in der Schule, sondern auch daheim, wenn es seine Hausaufgaben macht. Bei Schülern der ersten beiden Klassen sitzen Mutter oder Vater am besten in Ruhe mit am Tisch, so können sie das Kind in dem, was es tut, bestätigen und auch unterstützen, wenn es nicht weiterweiß. Ihre Anwesenheit ist auch deshalb so wichtig, weil Kinder ja *für die Eltern* Hausaufgaben machen (und auch für den Lehrer, wenn dieser in Beziehung zum Kind ist). Ist das Kind auf der weiterführenden Schule, kann es die Aufgaben im eigenen Zimmer machen. Die Eltern schauen dann nur hin und wieder nach, ob das Kind noch bei der Sache ist, überprüfen die fertigen Hausaufgaben und loben es, wenn es etwas besonders gut gemacht hat. Je mehr die Schule ihre Pflichten vernachlässigt, desto mehr müssen die Eltern in die Bresche springen.

Frühestens wenn das Kind vierzehn Jahre alt ist, können sich die Eltern darauf verlassen, dass es sich aus eigenem Antrieb an den Schreibtisch setzt. Denn erst jetzt verfügt ein Jugendlicher (bei gesunder psychischer Entwicklung!) über die Vorstellung, dass es *für sich* in die Schule geht und vielleicht auch eine bestimmte Abschlussnote erreichen will.

Über die Hausaufgaben bekommen Eltern auch einen Einblick, wo ihr Kind steht. Da ist zum einen die Frage, *wie* es die Hausaufgaben macht: Besitzt es schon die psychische Reife, sich konzentriert einer Aufgabe zu widmen, bis sie fertig ist? Oder ist da noch Luft nach oben? Zum anderen sehen die Eltern, *was* das Kind leistet. Wenn es selbst in Texten, die es nur abschreiben soll, vor Rechtschreibfehlern nur so wimmelt, oder wenn das Kind in der zweiten Klasse noch Schwierigkeiten mit dem Addieren hat, müssen Eltern eingreifen und nach Kräften das, was in der Schule versäumt wird, selbst vermitteln. Unter den letzten Schülergenerationen gibt es viele junge Erwachsene, die nur deshalb Rechnen, Lesen und Schreiben können, weil ihre Eltern sie nachmittags oder abends am Küchentisch geduldig unterstützt haben.

Genau diese Einsicht in den schulischen Fortschritt der Kinder fällt weg – besser gesagt: soll verhindert werden –, wenn Eltern instruiert werden, keinesfalls ihren Kindern bei den Hausaufgaben zu helfen. Die Eltern haben dann keinen Überblick mehr über den Lernstand ihrer Kinder und es kommt erst gar nicht zu lästigen Nachfragen. Solange es die Kinder in die jeweils nächste Klasse schaffen, sind die Eltern beruhigt. Übrigens: 1974, als die Schlacht um die Mengenlehre auf ihrem Höhepunkt war, kamen die Kultusminister einiger Bundesländer auf die glorreiche Idee, dass keine Hausaufgaben in Mengenlehre mehr gestellt werden sollten. Ein cleverer Schachzug, von dem man sich erhoffte, dass die Eltern endlich Ruhe geben.

Es wird auch immer wieder propagiert, Hausaufgaben ganz abzuschaffen. Der vorgebrachte Grund ist hanebüchen: Man findet es ungerecht, dass manche Eltern ihren

Kindern bei den Hausaufgaben helfen und andere nicht. Ganz nach dem Motto: Es ist besser, wenn alle blind sind, als wenn die einen sehen können und die anderen nicht. Auf die Idee, dass *prinzipiell* etwas am Schulsystem geändert werden muss, will keiner kommen.

Familie B. wohnt in Köln, der zehnjährige Sohn (der natürlich anders heißt als Simon) geht in die vierte Klasse. Frau B. arbeitet in Teilzeit, wenn ihr Sohn aus der Offenen Ganztagsschule (OGTS) kommt, ist sie für ihn da. An einem Tag in der Woche übernimmt der Vater die Nachmittagsbetreuung.

MW: Ihr Sohn hat nun bald die Grundschule hinter sich. Wie waren Ihre Erfahrungen?
VB: Ich habe sehr schnell gemerkt, dass Simon von Anfang an unter die Räder kam. Wenn er mir die Hausaufgaben zeigte, die er in der Nachmittagsbetreuung der OGTS gemacht hatte, war ich entsetzt, wie viele Fehler er gemacht hatte – trotz der Aufsicht. Als ich bei der Klassenlehrerin nachhakte, dass das doch nicht richtig sein könne, musste ich mir sagen lassen, dass es gar nicht der Anspruch der Schule sei, dass die Kinder ihre Hausaufgaben korrekt machen. Es wäre schon alles in Ordnung so.

MW: Aber Sie wollten die Sache nicht auf sich beruhen lassen?
VB: Nein, auf keinen Fall. Ein paar Fehler können sich ja immer mal einschleichen. Wenn Simon aber die Aufgabe gar nicht verstanden hatte oder ein Aufsatz vor Fehlern nur so strotzte, dann konnte was nicht stimmen. Mein Sohn musste also seine Hausaufgaben zweimal machen: einmal in der Nachmittagsbetreuung und dann noch einmal zu Hause. Wir Eltern waren zwar instruiert worden, keinesfalls die Hausaufgaben zu korrigieren; die Klassenlehrerin sagte immer

nur: »Das wird schon!« Wenn dann wegen meines Einsatzes die Hausaufgaben ganz vorzeigbar waren, sagte sie: »Sehen Sie, es geht doch!« Was mich auch ganz schön aufgeregt hat: Auch wenn Simon in der Nachmittagsbetreuung die Hausaufgaben nur ansatzweise gemacht hatte, stand trotzdem oft ein strahlender Smiley in seinem Heft. Das war für ihn natürlich sehr wichtig, auch mal ein Erfolgserlebnis zu haben. Doch was soll er denn daraus lernen, wenn ihm bei schwacher Leistung gesagt wird, dass alles super sei? Wenn ich nicht genauer hingeschaut hätte, hätten die Smileys ja auch mich beruhigt.

MW: Für Ihren Sohn muss das ganz schön frustrierend gewesen sein.
VB: Und ob! Und für mich natürlich auch. Ständig diese Auseinandersetzungen! Aber ich hatte gar keine Wahl. Ich hatte immer das Bild vor Augen, dass da ein Haus auf Sand gebaut wurde. Auf die Kinder wird immer mehr Stoff draufgepackt, ohne dass es ein tragendes Fundament gibt.

MW: Wurde es in der zweiten Klasse besser?
VB: Das war eine noch größere Quälerei als in der Ersten. Wegen seiner Rechtschreibprobleme ging Simon einmal in der Woche zur Logopädin. Seine neue Lehrerin war wie ein Flatterhuhn, völlig gehetzt und überfordert. Sie schrie auch viel im Unterricht herum. Ich musste zusehen, wie Simon immer weniger begriff und immer weniger gern in die Schule ging. Viele seiner Klassenkameraden mussten schon in der zweiten Klasse zur Nachhilfe – oft auf Empfehlung der Schule. Simons Noten waren noch im Rahmen, doch am Ende des Schuljahres gab mir die Klassenlehrerin einen ganzen Packen Unterlagen mit der Aufforderung, ich solle das alles in den Sommerferien mit meinem Sohn üben. Das war der Stoff des gesamten Schuljahres! Ich war

stinksauer! Die Schule hatte ihren Job nicht gemacht, und nun sollten die Ferien meines Sohnes dazu herhalten, das Versäumte nachzuholen!

MW: Wie reagierten Sie?
VB: Mein Mann und ich zogen die Reißleine. Auf unseren Wunsch hin wiederholte Simon das zweite Schuljahr. So milderten wir den größten Druck schon mal ab. Ich meldete ihn auch von der Nachmittagsbetreuung ab. Er kommt nun jeden Tag um zwei nach Hause und macht hier in meinem Beisein seine Hausaufgaben; so muss er sie wenigstens nicht doppelt machen. Dafür musste ich allerdings bei meinem Arbeitgeber meine Stunden reduzieren. Ich bin froh, dass das bei uns finanziell möglich ist. Auch viele der anderen Eltern, die sich das leisten können, haben ihr Kind von der Nachmittagsbetreuung der OGTS abgemeldet. Die Schule hat das überhaupt nicht gern gesehen. Einige Eltern wurden unter Druck gesetzt, dass sie es sich noch einmal überlegen. Klar, die Schule will ja die Nachmittagsklassen voll haben.

MW: Ist es für Sie als Familie heute besser geworden?
VB: Ja, es hat sich einiges eingependelt, doch es war ein langer und sehr kräftezehrender Weg dahin. Nach den Sommerferien wird Simon auf die Realschule gehen. Ich bin froh, dass die Grundschule bald vorbei ist. Die meisten von uns Eltern fühlten sich hilflos und ausgeliefert, das übertrug sich natürlich auch auf die Kinder. Ich weiß, es ist nicht immer gerecht, dass die Lehrer den Frust der Eltern abbekommen, aber manchmal war ich richtig verzweifelt. Die Schule hatte unser gesamtes Familienleben vereinnahmt. Sogar wenn wir bei Freunden zu Besuch waren, dauerte es keine zehn Minuten, und es drehte sich alles nur um dieses leidige Thema.

Viele Familien kennen die Probleme, von denen Frau B. berichtet. Oft ist für sie die Ganztagsschule mit Hausaufgabenbetreuung am Nachmittag die einzige Möglichkeit, Beruf und Familie unter einen Hut zu bringen. Auch politisch sind Ganztagsschulen gewollt: Berufstätige Alleinerziehende beziehungsweise Doppelverdiener versprechen ein höheres Bruttosozialprodukt. Außerdem stellte man sich vor, dass gemeinsame Betreuung bis in den Nachmittag hinein die Chancengleichheit für die Kinder erhöhen und die Lernleistungen verbessern würde.

Im Jahr 2002 (im Jahr 1 nach PISA) setzte die rotgrüne Bundesregierung unter Bundeskanzler Schröder mit dem »Investitionsprogramm Zukunft Bildung und Betreuung« (IZBB) das Ziel, deutschlandweit Ganztagsschulen einzuführen. Allein 2003 wurden vier Milliarden Euro lockergemacht. Die finanziellen Anstrengungen zeigen Erfolg: 2015 lag der Anteil der Schulen im Primarbereich und Sekundarbereich I, die eine ganztägige Betreuung anbieten, bei 67,5 Prozent. Doch von einer Verbesserung der Lernleistungen und ausgeglicheneren Chancen für Kinder aus bildungsfernen Haushalten kann keine Rede sein. Da kann man nur sagen: Setzen! Sechs!

Warum scheitert die Ganztagsschule in ihrer heutigen Form? Ganz einfach: Sie *kann* nicht funktionieren! Die Gründe liegen auf der Hand:

- Die Qualität stimmt nicht. Ob »Verlässliche Grundschule«, »Flexible Nachmittagsbetreuung« oder sonst ein Zusatzangebot – Sportkurse und ähnliche Angebote, die von ausgebildeten Trainern beziehungsweise Lehrern und Erziehern gegeben werden, machen nur einen Bruchteil des nachmittäglichen Angebots aus.

Oft übernehmen Mütter, Großeltern, Studenten oder Rentner das Geschehen; meist in Form eines 450-Euro-Jobs. Verbindliche Vorgaben, welche Qualifikationen ein Betreuer haben muss und was er zu leisten hat, gibt es nicht – jeder macht, was er kann.
- Früher trug die Familie nachmittags einen wichtigen Teil zur Förderung und damit zur emotionalen und sozialen Entwicklung der Kinder bei. Vom Betreuungsschlüssel 1 : 2 (bei zwei Kindern) kann die Nachmittagsbetreuung an den Ganztagsschulen aber nur träumen. Hier liegt das Verhältnis bei 1 : 25, das muss den Eltern klar sein. Den Betreuern *kann* also gar nicht auffallen, wenn Simon, der Sohn von Frau B., viel zu viele Fehler in seinen Hausaufgaben hat. Die Nachmittagsbetreuung ist eine Mogelpackung – man müsste sie Nachmittags-*Aufbewahrung* nennen. Diese staatlich angeordnete Unterversorgung ist völlig verantwortungslos!
- Die Vorteile, die eine nachmittägliche Betreuung in der Schule haben könnte, werden nicht genutzt. Ich habe noch an keiner Schule erfahren, dass dort ein Austausch zwischen Lehrern und Nachmittagsbetreuern stattfindet – »Philipp müsste noch mal Umfang, Radius und Inhalt von Kreisen üben, das hat er noch nicht verstanden.«

Und jetzt kommt der Hammer: Noch nicht einmal beim *regulären* Schulunterricht können sich Eltern darauf verlassen, dass ihre Kinder von ausgebildeten Lehrern betreut werden. Der Lehrermangel nötigt die Schulen, auf Quereinsteiger zurückzugreifen, um die klaffenden Lücken irgendwie zu schließen – Volljährigkeit genügt! Ihre einzige Gemeinsamkeit besteht darin, dass sie aus welchen Gründen auch immer ihr Leben noch einmal ganz neu aufstellen wollen und sich vorstellen können, vor einer Klasse zu stehen. In Berlin hatten nur 40 Prozent der 2018 neu eingestellten Lehrer eine Lehramtsausbildung; bei den Grundschulen waren es sogar nur 30 Prozent![52] Alle anderen waren fachfremd. Von Anfang an mussten die Neu-Einsteiger 18 Stunden unterrichten (zum Vergleich: Referendare übernehmen nach drei, vier Studienjahren aus gutem Grund nur 10 Stunden, Vollzeit-Lehrer haben 26 Wochenstunden). Für diesen Sprung ins kalte Wasser wurden sie mit zwei Wochen Intensivkurs vorbereitet – es ist wirklich eine Katastrophe!

Die meisten der anderen Bundesländer stellen ebenfalls Laien ein, schaffen es aber trotzdem nicht, alle Stellen zu besetzen, die für den Unterricht in den Grundschulen nötig wären. Deutschlandweit waren zu Beginn des Schuljahres 2017/2018 nur 36 Prozent der neu geschaffenen Stellen besetzt. Das bedeutet nicht nur, dass noch mehr Unterricht ausfällt, als es sowieso schon geschieht, sondern auch eine weitere Überlastung der vorhandenen Lehrer. Denn die müssen die Arbeit der fehlenden Kollegen mit übernehmen.

Es ist ein einziges Desaster! Immer mehr Kinder können sich in ihren Familien nicht mehr emotional und sozial entwickeln, deshalb kommen wir als Gesellschaft wohl nicht darum herum, Ganztagsschulen anzubieten. Doch was an den Schulen und vor allem an den Ganztagsschulen angeboten wird, ist katastrophal. Wir müssen sehr viel Geld in die Hand nehmen und endlich für eine Betreuung sorgen, die ihren Namen verdient. Wenn wir dazu nicht bereit sind, müssen wir wenigstens ehrlich sein und zugeben, dass es uns unsere Kinder nicht wert sind, ihnen eine Bildung zukommen zu lassen, die ihnen (und damit auch uns als Gesellschaft) eine Zukunft ermöglicht.

So lange sich an der politischen Großwetterlage nichts wesentlich ändert, sind die Eltern auf sich gestellt. Mit einigen Maßnahmen können sie ihre Kinder auch dann unterstützen, wenn die Schule ihrem Bildungsauftrag nicht nachkommt.

1. Sich keinen Sand in die Augen streuen lassen. Wenn ein Kindergarten oder eine Schule damit wirbt, dass »offen und frei« gespielt beziehungsweise gelernt wird, dann ist das kein Qualitätsmerkmal, sondern ganz im Gegenteil ein guter Grund, einen weiten Bogen um diese Institution zu machen. Auch so manche technische Ausstattung sollte das elterliche Auge nicht blenden. Ob in den Klassenzimmern zum Beispiel sogenannte interaktive Whiteboards (IWB, je nach Anbieter auch Smartboard oder ActivBoard genannt) hängen, sagt nichts über die Qualität des Unterrichts aus. Der Vorteil der IWBs: Auf ihnen können auch Videos abgespielt oder animierte Schaubilder gezeigt werden; die Bilder können gespeichert und je nach Modell auch ausgedruckt werden. Tolle Sache! Aber abgesehen davon, dass die Anschaffungskosten pro Stück im mittleren vierstelligen Bereich liegen und neben hohen Energiekosten auch noch Sondermüll produziert wird, droht aus einem – im besten Fall – lebendigen Unterricht eine vorgefertigte Präsentation zu werden. Diejenigen Leser, die sich in zahllosen Meetings durch PowerPoint-Vorträge quälen mussten, wissen, wovon ich rede. Dazu kommt, dass die Kontrastschärfe der Bildschirme weit hinter Kreide und Tafel zurückliegt und Lehrer häufig den Raum abdunkeln müssen, wenn draußen die Sonne scheint. Schule im Halbdämmer – für mich ist das keine erstrebenswerte Entwicklung. Und man kennt es ja schon von den Beamern: Dauernd ist was kaputt, dauernd fehlt ein Teil. Ich habe den Eindruck, dass interaktive Whiteboards in bestimmten Lernsituationen als Ergänzung sinnvoll sein können, vor allem in den Geographie-, Physik- und Chemie-Fachräumen. Aber lohnt sich der Aufwand? Für Whiteboard-Hersteller und Schulbuchverlage, die die entsprechenden digitalen Angebote entwickeln, sind die Whiteboards ein glänzendes Geschäft, für die Schulen eine dauernde finanzielle Belastung. Die horrenden Geldsummen, die hier ausgegeben werden, fehlen schmerzhaft an anderen Stellen. Ich würde mir ein wenig mehr Rationalität und weniger Begeisterung für nette Nice-to-haves wünschen. (Darauf, dass die vielbesungene »Digitalisierung im Klassenzimmer« – so, wie sie im Moment geplant ist – unsere Kinder nur noch mehr schädigen wird, komme ich im 9. Kapitel noch ausführlich zu sprechen.)

2. Sich gegen die Einsparungen in der Bildungslandschaft wehren. »Offener Unterricht«, »offene Kindergartengruppen« und die aktuell übliche Nachmittagsbetreuung sind reine Sparmodelle. Nur so ist es heute überhaupt noch möglich, dass *ein* Lehrer (oder Laie) auf 25 bis 30 Kinder beziehungsweise *ein* Erzieher auf 9 Kindergartenkinder kommt. Sie sollen die Kinder ja nicht begleiten und anleiten, sondern nur bei ihrem »autonomen Lernen« beaufsichtigen. Indem viele Eltern dieser schädlichen Modeerscheinung nachrennen, in dem Glauben, ihrem Kind damit etwas Gutes zu tun, bestätigen sie nur die Politik in ihrem Tun und verlängern das Elend. Dazu das folgende Erlebnis, das ich in meiner Eigenschaft als Vorstand eines Jugendhilfe-Vereins aus nächster Nähe mitbekommen habe:

In einer nordrhein-westfälischen Stadt sollte ein neuer Kindergarten gebaut werden, die Stadt selbst wollte ihn aber nicht betreiben. Also schrieb der Stadtrat verschiedene in Frage kommende Träger an. Deren Konzepte reichten von »klassisch« bis »offene Gruppen«. Für den verantwortlichen Vertreter der Stadt war die Sache klar: »Je offener, desto weniger Stress haben wir mit Kindern und Eltern. Da kommen dann keine Klagen.«

Auch die Inklusion spart ungeheure Kosten ein. Während früher ein Förderschullehrer nur eine Handvoll sozial und emotional beeinträchtigte Kinder unterrichtet hat, werden diese nun zu den normalen Klassen mit 25 bis 30 Kindern »dazugepackt«. Ein paar Förderlehrer, die nur für wenige Stunden pro Woche zum Unterricht dazustoßen, runden das Kostensparmodell ab.

Die Verlierer der Inklusion sind die Kinder. Die einen, weil sie nicht mehr durch Förderschullehrer in einer auf ihre Problematik abgestimmten Umgebung gefördert werden, die anderen, weil sie nun noch weniger Aufmerksamkeit bekommen und, wenn sie Pech haben, auch noch mit verhaltensauffälligen Inklusionsschülern zurechtkommen müssen. An den Problemen, die so in die Klassen getragen wird, ändert sich nichts, wenn »verhaltensauffällig« in »verhaltensoriginell« umbenannt wird. Wenn ein verhaltensauffälliges Kind die anderen in der Klasse terrorisiert, passiert meist gar nichts. Und wenn doch mal ein Lehrer eingreift, geht die Intervention oft in die völlig falsche Richtung.

3. Qualität einfordern. Davon, dass dank des Lehrermangels Laien eingestellt werden, war bereits die Rede. Eltern dürfen sich keinesfalls an diesen Trend gewöhnen. Auch nicht an die viel zu großen Klassen, die, bezogen auf die Problematiken der heutigen Schüler, reines Gift sind. Natürlich lassen sich viele tausende fehlende Lehrer nicht aus dem Hut zaubern. Doch das ist Aufgabe der Politik, nicht der Eltern. Die Pflicht der Eltern besteht darin, darauf zu achten, dass die Qualität stimmt, und sich nicht mit »Billig-Lösungen« abspeisen zu lassen.

4. Nicht prinzipiell Front gegen Lehrer machen. Zu Anfang dieses Kapitels habe ich gezeigt, warum manche Eltern in der Beziehungsstörung der Symbiose nicht anders können, als sich sofort mit dem Lehrer anzulegen, wenn das Kind sich über ihn beschwert. Hier können andere Eltern mäßigend einwirken und Lehrern zum Beispiel bei Elternabenden den Rücken stärken.

Eltern müssen Zivilcourage zeigen und für die Zukunft ihrer Kinder einstehen. Und zwar nicht, indem sie Lehrer drangsalieren, sondern indem sie die Schulpolitik in die Pflicht nehmen. Diese muss endlich dafür sorgen, dass Schulen und Kindergärten wieder ihren Teil zur Entwicklung der Kinder beisteuern können. Je mehr Kinder in Familien groß werden, in denen sie keine Orientierung erfahren, desto wichtiger wird die Entwicklung der kindlichen Psyche durch die Beziehung zu Lehrern und Erziehern.

Manche Eltern sagen mir: »Wir haben ja Glück, wir haben eine gute Schule gefunden, mit der wir ganz zufrieden sind.« Oder: »Wir haben keinen Grund zur Klage, unser Kind hat eine Lehrerin, bei der es viel lernt.« Doch mit dieser Haltung lassen sie ihre Kinder im Stich. Denn das gesamte Schulsystem ist ja verdreht und wird den Kindern nicht gerecht; da kann es kein Trost sein, für ein oder zwei Schuljahre »Glück gehabt« zu haben. Im folgenden Schuljahr kann es ganz anders aussehen und die Problematik mit voller Wucht durchschlagen.

Im 6. Artikel des Grundgesetzes heißt es: »Pflege und Erziehung der Kinder sind das natürliche Recht der Eltern und die zuvörderst ihnen obliegende Pflicht.« Es sind die Eltern, die letzten Endes dafür verantwortlich sind, dass ihre Kinder eine Chance haben, sich zu entwickeln, vor allem auch im Kindergarten und in der Schule.

Fazit:

Alle Eltern sind bemüht, ihren Kindern das Beste zu geben. Trotzdem gelingt es heute vielen von ihnen nicht mehr, ihre Kinder zu entwickeln. Das liegt zum einen an der Eltern-Kind-Symbiose, in der das Kind von den Eltern nicht mehr als individuelles, der Fürsorge bedürftiges Wesen wahrgenommen wird. Zum anderen ist die Zahl der Familien, in denen beide Elternteile Vollzeit arbeiten, hoch. In beiden Fällen müssten Kindergarten und Schule viele der elterlichen Aufgaben übernehmen. Doch nur wenige dieser Institutionen kommen ihrer Bildungsverpflichtung nach. Damit in der Schule wieder ein lehrerzentrierter Unterricht zur Normalität wird, der zur psychischen Entwicklung der Kinder führen würde, müssen die Eltern endlich Qualität einfordern. Sonst bleiben die Kinder chancenlos.

Kapitel 8
DIE KINDER – KRANK GEMACHT UND UM IHRE ZUKUNFT BETROGEN

In den vorangegangenen Kapiteln war die Rede davon, welchen Druck die Bildungspolitik auf die Schulen ausübt, wie Lehrer verheizt und wie Eltern verunsichert und mit Bildungs-Sparmodellen abgespeist werden. Doch die eigentlichen Verlierer im heutigen Bildungssystem sind die Kinder. Sie sind es, deren Psyche auf Kleinkind-Niveau steckenbleibt, weil sie im Stich gelassen werden, denen Verantwortungen aufgebürdet werden, die sie gar nicht tragen können – und die über all dem krank werden können.

Der jährlich veröffentlichte »Präventionsradar« der Krankenkasse DAK-Gesundheit befragte im Schuljahr 2017/2018 Schüler zwischen 10 und 18 Jahren zu ihrem psychischen und körperlichen Wohlbefinden.[53] Die Antworten der Kinder und Jugendlichen auf die Frage, unter welchen Beschwerden sie *mindestens einmal in der Woche* leiden, zeugen vom Versagen der Erwachsenen:

- 50 Prozent sind erschöpft und müde.
- 29 Prozent der Schüler haben Schlafstörungen.
- Über Kopfschmerzen klagen 20 Prozent der Schüler.
- Rückenschmerzen beeinträchtigten 18 Prozent der Schüler.
- 12 Prozent litten unter Schwindel.
- Auch Bauchschmerzen (11 Prozent) und Übelkeit (8 Prozent) wurden genannt.

Zu diesen alarmierenden Häufigkeiten somatischer Beschwerden kommen die psychischen: 40 Prozent der befragten Schüler fühlten sich in der vorangegangenen Woche »oft« oder »sehr oft« gestresst; 16 Prozent der Schüler waren »oft« oder »sehr oft« unglücklich und niedergeschlagen. Sieht so etwa eine glückliche, unbeschwerte Kindheit aus?

Daran, dass den Kindern in der Schule mehr Leistung als früher abverlangt wird, kann es nicht liegen. Es wird ja immer weniger verlangt und die Schüler können auch meist zwischen unterschiedlichen Schwierigkeitsgraden wählen. Auch werden sie möglichst über jede Hürde getragen und mit guten Noten zur nächsten Stufe weitergereicht. Dass es tatsächlich nicht die Schule ist, die zu hohe Anforderungen setzt, bestätigen die im Auftrag der DAK befragten Schüler: 88 Prozent von ihnen fühlen sich in der Schule wohl und nur gerade einmal 18 Prozent finden, dass die Aufgaben in der Schule schwierig seien – von »*zu* schwierig« ist gar nicht die Rede. Woran liegt es dann aber, dass im »Kinder-Spieleparadies« so viele Schüler krank werden?

Der Druck wird an anderer Stelle aufgebaut. Väter und Mütter, die unter allgemeiner Überforderung und diffusen Ängsten leiden, übertragen ihre Zukunfts- und Abstiegssorgen auf ihr Kind. Dazu passen die Antworten der in der genannten Erhebung befragten Schüler auf die Frage, was genau sie denn im Schulalltag belastet. Die mit Abstand am häufigsten genannte Antwort (50 Prozent) lautete: »Meine Schulleistungen sind sehr wichtig für meine Zukunft und können mein ganzes Leben bestimmen.« Aus diesem Satz sprechen die Eltern, nicht die Kinder.

Vielen Eltern reicht es nicht, wenn sich ihr Kind im Mittelfeld der Klasse befindet. Es soll zu den Besten gehören. Der Tag der Kinder wird bis ins Letzte durchgetaktet, damit aus einer Drei eine Zwei und aus einer

Zwei eine Eins wird. Von diesem Anspruch der Eltern profitieren Nachhilfelehrer und -institute, die boomende Branche freut sich über knapp 900 Millionen Euro Jahresumsatz. Auf der Webseite des ›Bundesverbandes der Nachhilfe- und Nachmittagsschulen‹ steht: »Es sind gar nicht unbedingt immer versetzungsgefährdete Schüler, die zur Nachhilfe gehen, sondern Schüler, die das hohe Niveau halten wollen.«

Ein weiterer Grund für den Stress der Kinder liegt darin, dass jene mit nicht altersgemäß entwickelter Psyche nie eine Arbeitshaltung entwickeln konnten und sich nur dann auf eine Aufgabe fokussieren können, wenn sie Lust darauf haben. Solange sie selbst bestimmen können, was sie tun, fällt das nicht auf. In der Schule hat man sich ja auf die Kleinkind-Psyche der Schüler eingestellt und lässt die Kinder aussuchen, womit sie sich beschäftigen. Mit den Hausaufgaben, auch wenn nur eine geringe Leistung abverlangt wird, sind sie aber schnell überfordert. So wie Kleinkinder lassen sich auch Schüler, die aufgrund ihrer nicht altersgemäß entwickelten Psyche gar nicht schulreif sind, nicht fremdbestimmen. Den Kindern wird mit den Hausaufgaben also oft etwas abverlangt, was sie gar nicht leisten können.

Wenn daheim die Eltern in übergroßer Sorge und unter innerem Druck mit am Schreibtisch sitzen, sind die Konflikte vorprogrammiert. Abgesehen davon, dass die Kinder mit Kleinkind-Psyche sich möglichst der Situation entziehen, sobald sie keine Lust haben, können sie gar nicht anders, als ihre Eltern zu steuern. Deshalb werfen sie den Stift genau dann in die Ecke, wenn es gerade ganz gut zu laufen scheint. Die Reaktion der Eltern ist, wie erwartet: »Nein, du bleibst jetzt bitte sitzen!« Mit jeder Minute wird das Kind in seiner Weltsicht bestätigt: Die Eltern reagieren umgehend auf alles, was ich mache.

Die Eltern versuchen mit Versprechungen und anderen Tricks, das Kind dazu zu bewegen, die Hausaufgaben fertig zu machen. Am Ende sind zwei oder drei Stunden vergangen, bis endlich die Hausaufgabe, die locker in einer halben Stunde hätte fertig sein können, auf dem Papier steht. Unter diesem Endlos-in-die-Länge-Ziehen leiden die Kinder nicht weniger als die Eltern. Auf beiden Seiten liegen die Nerven blank.

In vielen Familien ist dieser Kampf um die Hausaufgaben Alltag. Anderen Eltern scheint es egal zu sein, wie ihr Kind in der Schule vorankommt. Dann werden die Hausaufgaben nicht oder nur sehr nachlässig gemacht. In beiden Fällen ist das Kind der Verlierer. Dabei macht es sich gar nicht an Noten fest, ob ein Kind später im Leben erfolgreich sein kann. Das hat mehrere Gründe:

- Nur mit einer entwickelten Psyche kann ein Kind die Wechselfälle des Lebens erfolgreich bestehen; doch ob es über sie verfügt, macht sich nicht an Noten fest, sondern allein an seinem Verhalten.
- Selbst beste Noten sind nur wenig aussagekräftig, sie geben ja nur wieder, wo das Kind im Vergleich zu seinen Klassenkameraden steht. Wenn das Niveau insgesamt sinkt, bleiben die Noten trotzdem in der Normalverteilungskurve; es gibt im Schnitt genauso viele Einser und Vierer wie sonst auch. Was das Kind *objektiv* leisten kann, wird nicht bewertet.
- Selbst ein Abiturient mit Einser-Durchschnitt wird ein emotional und sozial armes Leben führen, wenn seine Psyche nicht entwickelt ist. In meiner Praxis begegne ich immer wieder hochintelligenten Kindern und Jugendlichen mit IQs jenseits der 120 und – wenn sie Lust haben und sich nicht anstrengen müssen, in der Schule mitzumachen – auch sehr guten Noten.

Ihre Psyche ist aber auf dem Stand von Kleinkindern festgefahren.

Nach den oben angeführten Ergebnissen der Krankenkassenumfrage leiden die meisten Kinder unter Schlafmangel – dass es so weit kommen kann, ist ein typisches Beispiel dafür, wie gnadenlos die Kinder allein gelassen werden. Es liegt auf der Hand: Niemand schickt die Kinder zeitig ins Bett. 57 Prozent der Schüler aus Klasse 7 und 8, sowie 85 Prozent der Schüler aus den Klassen 9 und 10 waren wochentags nach 22 Uhr noch wach (17 Prozent sogar nach 24 Uhr). Im Schnitt kommen Zehntklässler auf knapp zwei Stunden weniger Schlaf als für diese Altersgruppe empfohlen. Der Zusammenhang zwischen dem Schlafmangel und der Nutzung digitaler Geräte wie Smartphones ist offensichtlich. Je länger die Bildschirmzeiten sind, desto weniger Schlaf hat das Kind.[5]

In vielen Familien ist es normal, wenn Kinder mit dem Smartphone in der Hand ins Bett gehen und dann noch stundenlang in den digitalen Medien unterwegs sind. Es kann einen zur Verzweiflung treiben: Anstatt endlich Sorge dafür zu tragen, dass Kinder und Jugendliche nicht bis spät in die Nacht vor Bildschirmen hocken, will man das Problem auf andere Weise lösen. Eine Meldung der dpa zitiert den Studienleiter Andreas Klocke, dass der nächste »Präventionsradar« der DAK der Frage nachgehen wird, ob in Zukunft ein späterer Schulbeginn der Müdigkeit abhelfen wird; die Schüler sollen gefragt werden, »welche Uhrzeit sie für den Schulbeginn bevorzugen würden«[54]. Statt einer Orientierung durch Erwach-

---

5 Für Schulkinder im Alter von 6 bis 13 Jahren gelten 9 bis 11 Stunden Schlaf als empfehlenswert; Jugendliche von 14 bis 17 Jahren sollten 8 bis 10 Stunden pro Tag schlafen.

sene werden die Kindern weiter entgrenzt. Genauso gut könnte man ein Unfallopfer, das bereits viel Blut verloren hat, zur Ader lassen.

Es scheint eine feststehende Regel zu sein: Es wird völlig an den Bedürfnissen der Kinder vorbeigedacht und -gehandelt. Für die Kinder und Jugendlichen ist das eine Katastrophe. Sie werden also auch weiterhin müde und abgespannt sein und Kopf-, Bauch- und Rückenschmerzen haben. Niemand übernimmt die Verantwortung für das Kind, ganz im Gegenteil: Dem Kind wird Verantwortung zugeschoben. Das Kind kann also nicht mehr darauf vertrauen, dass der Erwachsene es schützt und für es sorgt. Mit diesem Vertrauen wird ihm die Basis seiner Kindheit geraubt. Die folgenden Beispiele zeigen, wie weit das geht:

- Es ist Mode geworden, dass Schulen heute mit Kindern Verträge abschließen. Verstößt ein Schüler dann gegen die Regeln, bekommt er vom Lehrer keine Antwort auf sein Verhalten, sondern ihm wird der Vertrag unter die Nase gehalten: »Schau mal! *Das* hast du unterschrieben!« Was für ein Schwindel! Verträge sind Vereinbarungen, die zwei Parteien auf Augenhöhe und aus freien Stücken unterzeichnen. Beides trifft im Falle des Kindes nicht zu. Dem Kind wird die Verantwortung dafür zugeschoben, dass es sich falsch verhalten hat. Dabei trägt der Erwachsene die Verantwortung dafür, dass das Kind in regelkonformes Verhalten hineinwächst. Das ist ein himmelweiter Unterschied!
Teilweise wird dem Kind in so einem Vertrag sogar explizit die Verantwortung für sein Handeln übertragen. Mir liegt eine »Vereinbarung« für EVA-Stunden vor, die an Fünftklässler verteilt wurde. Diese EVA-Stun-

den sind Stunden, in denen die Kinder ohne Aufsicht eigenverantwortlich arbeiten sollen, und an sich schon eine Unverschämtheit gegenüber den Kindern und ihren Eltern. Die Vereinbarung enthält unter anderem folgenden Passus:

»Die Unterschrift meines Lehrers in meinem Lernbegleiter [Anmerkung des Autors: gemeint ist das Heft, in dem das Kind seine Lernfortschritte dokumentiert] *bescheinigt nur, dass ich den Lernbegleiter ordentlich führe. Für Qualität und Kontrolle meiner Arbeit bin ich selbst verantwortlich.«*

Mit klassischen Schulordnungen haben diese Verträge nichts zu tun. Denn Schulordnungen setzen für alle verbindlich den Rahmen für das Verhalten, das die Erwachsenen von den Kindern einfordern können und müssen. Wenn dort zum Beispiel steht, dass Smartphones in der Schule verboten sind, dann bietet diese Vorgabe Kindern und Erwachsenen Orientierung. Die verantwortlich Handelnden sind die Erwachsenen. Sie gehen auf das Kind zu, das auf dem Pausenhof sein Smartphone zückt, und sagen: »Gib mir das Handy, das kannst du dir heute Nachmittag aus dem Lehrerzimmer wieder abholen.«

- Kinder tragen an Schulen, die den »offenen Unterricht« propagieren, die Verantwortung für ihr Lernen. Hier ein Ausschnitt aus der Mail einer Mutter, die davon berichtet, wie die neue Leiterin des Kindergartens ihres Sohnes auf ein »offenes Konzept« umstellte. Er zeigt, wie weit diese Übertragung der Verantwortung selbst bei kleinen Kindern geht:

»Innerlich kochte ich vor Wut und Zorn, denn ich ahnte Schlimmes. Nun stellte ich eine Frage: ›Kann es denn sein, dass mein Sohn mit einer Schere bis zu seiner Einschulung nicht in Berührung kommt?‹ Die Antwort darauf: ›Ja,

wenn er nicht das Bedürfnis danach hat.‹ Zu Hause, wenn ich mit meinem Sohn etwas basteln wollte, verweigerte er sich mit den Worten: ›Meine Erzieherin hat gesagt, wenn ich das nicht will, muss ich das nicht machen.«

- Davon, dass das Kind seine Leistung im Unterricht selbst bewerten soll, habe ich bereits im 3. Kapitel berichtet. Leider ist dieser Unsinn, der zum Betrug verführt, weit verbreitet. Jede Mutter und jeder Vater weiß, dass sich ein Siebenjähriger nach dem Zähneputzen immer einen breit lachenden Smiley geben würde: »Klar hab' ich mir die Zähne geputzt!« Wenn die Eltern nicht nachhaken, stehlen sie sich aus ihrer Verantwortung.
- Kinder bekommen sogar die Verantwortung für das Verhalten ihrer Mitschüler zugeschustert. Als Pausen-Sheriffs dürfen sie Schärpe, Armbinde, Leuchtweste oder Ähnliches tragen; das finden sie natürlich toll. Ihr Job ist es dann, Streitigkeiten unter Mitschülern zu schlichten. Es stimmt, dass ein Kind manchmal auf einen Klassenkameraden hört, wenn dieser ihm sympathisch ist. Das kann durchaus funktionieren. Doch meistens geraten die Pausen-Sheriffs in Überforderungssituationen, während sich die erwachsene Pausenaufsicht nicht blicken lässt.

Was für ein Versagen der Erwachsenen, wenn sie Kindern über ihr Alter hinaus Verantwortung aufbürden! Und wie unendlich traurig ist es, wenn Kinder keine Form der schonenden Begrenzung mehr erfahren und sogar lernbereite Kinder unter Unordnung und permanenter Unruhe leiden müssen. Das größte Fiasko liegt aber darin, dass so viele Kinder heute keine Chance bekommen, dass sich ihre Psyche entwickelt. Der Preis, den sie unverschuldet zahlen müssen, ist hoch:

- Die Kinder haben schwerwiegende Defizite im Sozialverhalten; sie können sich schlecht in Gruppen einfügen und sich auch nicht an Regeln halten.
- Sie sehen ausschließlich ihre eigenen Bedürfnisse und haben deshalb oft Streit mit Mitschülern, Lehrern und Eltern. Wenn es zu Konflikten kommt, ist es ihnen unmöglich, den eigenen Beitrag zu sehen. Sie können deshalb auch nicht aus Konflikten lernen; sie haben keinen Begriff von Recht und Unrecht.
- Weil sie nicht zur Empathie fähig sind, kann man ihnen nicht begreiflich machen, dass sie ein anderes Kind verletzen, wenn sie sich über es lustig machen oder körperlich angreifen. Auch dies ist kein Zeichen fehlender Erziehung, sondern allein von fehlender psychischer Entwicklung. Man kann ja auch keinem einjährigen Kind begreiflich machen, dass es wehtut, wenn es einem Erwachsenen die Brille von der Nase schlägt.
- Sie haben große Lücken im emotionalen Bereich; sie können zum Beispiel ihre eigenen Gefühle weder einschätzen noch steuern.
- Da sie um sich selbst kreisen, können sie nicht erkennen, wenn sie ihre Umgebung stören.
- Sie sind schnell abgelenkt und lustgesteuert. Im Prinzip können sie sich konzentrieren; die Tatsache, dass sie stundenlang auf dem Smartphone Spiele spielen, beweist das. Doch wenn es anstrengend wird und der Spaß ausbleibt, ist auch die Konzentration weg.
- Weil sie keine Strukturen und Abläufe erkennen, können sie zum Beispiel nicht zwischen Unterrichts- und Pausenzeiten unterscheiden.
- Sie verfügen über keine intrinsische Motivation; sie verspüren nicht den Wunsch, in die Schule zu gehen. Sie haben auch keinen Drang, die Welt zu entdecken.

- Da sie im Weltbild verharren »Ich kann alles und jeden steuern und bestimmen«, führen sie Aufträge erst nach mehrfacher Aufforderung aus. Da sie eine Fremdbestimmung nicht akzeptieren können, verstehen und akzeptieren sie kein Nein.

Diese Liste der Fähigkeiten, über die eigentlich jedes Kind mit fünf oder sechs Jahren verfügen müsste, ließe sich nahezu beliebig verlängern. Alarmzeichen, die eigentlich nicht zu übersehen sind, gibt es also zuhauf. Und doch werden die gewaltigen Defizite der Kinder nicht erkannt. Die meisten Erwachsenen sind ahnungslos, weder Eltern noch Erzieher und Lehrer nehmen wahr, was sie anrichten. Ihre Hilflosigkeit im Umgang mit den Kindern ist mit Händen zu greifen. Statt endlich die Ursache dieser Defizite anzugehen, versuchen sie, die Symptome zu behandeln.

Da ist zum Beispiel die Tatsache, dass viele Kinder mitten im Unterricht aufspringen oder in die Klasse rufen. Statt ihnen abzuverlangen, einen Arbeitsauftrag zu Ende zu bringen, werden groteske Ideen umgesetzt, wie man die Kinder irgendwie zur Ruhe bringt:

- Das »dynamische Sitzen« auf Sitzbällen war in Büros einmal eine echte Modeerscheinung. Weil es aber geradezu schädlich ist, sie stundenlang zu benutzen, sind sie sang- und klanglos wieder aus den Büros verschwunden. Trotzdem stellen manche Schulen ihren Schülern heute Sitzbälle statt ordentliche Stühle zur Verfügung, wohl in der Hoffnung, so das Herumzappeln zu begrenzen. Genauso gut könnte man an Kinder Blechtrompeten verteilen und verlangen: »Nun seid mal schön leise!«
- In einer Bremer Schule wurden in mehreren Klassenzimmern je zwei bis drei Ergometer aufgestellt.[55]

Wenn einem Kind im Unterricht langweilig ist oder es nicht mehr sitzen will, geht es zum Fahrrad und strampelt sich ein wenig ab. Die Folge ist noch mehr Unruhe in der Klasse.
- Ein weiterer Trend sind Sandwesten oder Rucksäcke mit einem gewissen Gewicht, die die Kinder sich anziehen oder umschnallen können. Das soll es ihnen einfacher machen, ruhig sitzen zu bleiben und sich zu konzentrieren.

Am eigentlichen Problem ändert all das nichts. Noch nicht einmal die Symptome bessern sich! Alle anderen Kinder werden nur noch mehr in ihrer Konzentration gestört, wenn Klein-Mia von ihrem Platz aufsteht, in die Klasse ruft: »Ich geh jetzt mal aufs Fahrrad!« und das Gerät unter ihrem Strampeln anfängt zu surren. Dazu passt die ultimative Kapitulationserklärung der Erwachsenen, von der bereits im ersten Kapitel die Rede war: Von einigen Schulen werden die Eltern mittlerweile gebeten, ihren Kindern Schallschutz-Kopfhörer zu kaufen, damit sie während des Unterrichts nicht so sehr abgelenkt werden. Wieder einmal wird das Problem nicht an der Wurzel erfasst, sondern weitergeschoben. Und wieder einmal bleibt das Kind auf sich gestellt. Denn nicht mehr der Lehrer sieht sich in der Pflicht, eine Arbeitsumgebung zu schaffen, in der sich die Kinder konzentrieren können; diese Aufgabe wird dem Kind zugeschustert: »Wenn es dir zu laut ist, setz den Schallschutz auf!« Was für ein Wahnsinn! Sowohl das Recht der Kinder auf Halt und Orientierung als auch das auf eine ruhige Arbeitsatmosphäre werden missachtet.

Seit Jahren erlebe ich in meiner Praxis sogar *durch die Schule gestörte* Kinder. Weil sie im Unterricht und auch in der Nachmittagsbetreuung eine völlig ungeordnete

Welt erfahren, in der das sozial inkompetenteste Kind die Klasse regiert, sind sie dann am späten Nachmittag, wenn sie nach Hause kommen, geschafft und völlig fertig. Es dauert häufig bis zum Abend, bis sie halbwegs wieder Tritt gefasst haben. Und am nächsten Tag geht alles wieder von vorn los.

Schulen müssen Orte klarer Strukturen, Anforderungen und Regeln sein, die von *allen* Lehrern *jedem* Kind abverlangt werden müssen. Nur dann kann sich ein Kind sicher fühlen. Ich ziehe noch einmal eine Parallele zum Straßenverkehr: Er kann nur dann funktionieren, wenn sich alle an die Regeln halten – also auf einer Straße rechts fahren, an einer roten Ampel halten, nicht in Einbahnstraßen einbiegen etc. Wenn zum Beispiel ein Autofahrer durch allzu forsches Fahren einen Fußgänger zwingt, vom Zebrastreifen zurück auf den Bürgersteig zu springen, weiß er genau, dass ihm großer Ärger bevorsteht. Sein Versuch, sich mit irgendwelchen Erklärungen aus der Sache herauszudiskutieren, ändert nichts an der Tatsache, dass er sich für einige Zeit von seinem Führerschein verabschieden muss. Niemand erwartet, dass der Polizist fragt: »*Warum* haben Sie denn den Fußgänger nicht gesehen?«

In der Schule aber wird ständig gefragt: »*Warum* hat denn der Max schon wieder keine Hausaufgaben gemacht?« Und: »*Warum* hat Anna ihre Klassenkameradin so fest gekratzt, dass es Blut gab?« Mit diesen Fragen werden die Regeln »Alle machen ihre Hausaufgaben« und »Niemand fügt dem anderen Schmerzen zu« relativiert. Und noch einen weiteren Effekt haben diese Fragen: Sie werden mit Diagnosen beantwortet. ADS, ADHS, Legasthenie, Dyskalkulie, Hochbegabung, Autismus, Depression etc. – dies sind alles Erklärungen dafür, warum ein Kind sich auffällig verhält. Das Problem ist, dass sich die Erwachsenen meistens mit der Erklärung zufriedengeben. Lehrer und Eltern lesen aus einer Erklärung oft heraus, dass sie nun aus ihrer Pflicht entlassen seien; unter Umständen übernimmt ein Therapeut die Verantwortung. Das Kind wird aus den entsprechenden Anforderungssituationen herausgenommen, es läuft nur noch parallel zur übrigen Klasse mit. Bei der Diagnose Legasthenie und Dyskalkulie erfolgt oft nicht mehr als eine Befreiung von der Benotung. Was fehlt, ist eine entsprechende spezielle Förderung des Kindes in der Schule, damit es eine Chance hat, seine Schwierigkeit zu reduzieren oder zu beheben. Auch viele Eltern sind zufrieden, wenn sie nur eine Erklärung für die Problematik ihres Kindes haben. Ich erlebe immer wieder, dass Eltern geradezu erleichtert akzeptieren, dass ihr Kind eine Störung haben soll.

Meistens erfährt das psychisch nicht entwickelte Kind, dessen Verhalten durch eine Diagnose »erklärt« wird, nicht die Förderung, die es benötigt. Es kann weiter so agieren, wie es möchte; die Entwicklung seiner Psyche wird nicht angestoßen. Nur so lässt sich die stetig wachsende Anzahl an jungen Heranwachsenden erklären, die nicht lebenstüchtig sind.

Mit großer Sorge sehe ich auch, dass zunehmend Lehrer und Eltern in die Rolle von Kinderpsychiatern, Kinderärzten und Psychotherapeuten schlüpfen, indem sie Diagnosen stellen und »passende« Therapien und Medikamente einfordern. Das Kind wird pathologisiert, also für krank erklärt, obwohl es gar nicht krank ist.

Eine Mutter kommt mit ihrer zehnjährigen Tochter zu mir in die Praxis. Seit der ersten Klasse ist das Kind extrem verhaltensauffällig. Als Grund dafür nennt die Mutter des Kindes, dass es in seiner Klasse gemobbt wird. Sie hat den starken Wunsch, dass ich ihrer Tochter eine Therapie verschreibe, denn diese sei durch das Mobbing traumatisiert. Nach eingehender Untersuchung des Kindes komme ich zu dem Schluss, dass die Tochter in ihrer psychischen Entwicklung hinter ihrem biologischen Alter hinterherhinkt, von einer Traumatisierung keine Spur.

Das zweite Beispiel, das ich an dieser Stelle nennen möchte, entnehme ich der Mail einer Berliner Mutter. Sie erzählt nicht nur von der übergriffigen »Diagnose« eines Erziehers, sondern auch davon, dass auch völlig gesunde Kinder nicht davor geschützt sind, pathologisiert zu werden.

»Ich wurde beim Elterngespräch mit dem zuständigen Erzieher im Kindergarten darauf hingewiesen, dass meine Tochter beim Mittagessen außergewöhnlich gute Manieren zeigt. Sie deckt ganz gewissenhaft den Tisch, kleckert nie und isst ihren Teller ordentlich auf. Sie sei immer brav und achte auf das, was die Erzieher ihr sagen. Ich habe mich darüber gefreut. (...) Der Erzieher hat mir jedoch daraufhin gesagt, das Verhalten meiner Tochter sei zu gut, zu brav und irgendwie nicht kindgerecht. Die anderen Kinder säßen selten so gut am Tisch und hörten auch nicht gleich auf die Erzieher. Sie würden vielmehr herumtollen und auch mal richtig frech sein. Er hat mir danach eine therapeutische Verhaltensförderung empfohlen.«

Im Zusammenhang mit der grassierenden Diagnoseritis gibt es noch eine weitere unheilvolle Entwicklung, die dem Kind schadet: Schulen und sogar auch schon Kindergärten verlangen uneingeschränkte Einsicht in Arztbriefe mit Diagnosen, erfolgte Behandlungen, Testergebnisse usw. und wollen deren Kopien in ihren Akten der Kinder ablegen. In einem Schulvertrag heißt es zum Beispiel:

»Die Eltern/Erziehungsberechtigten informieren die Schule umfassend über bereits erfolgte, noch laufende oder geplante Diagnoseverfahren und daraus abgeleitete unterstützende Maßnahmen und Therapien. Auf dieser Basis ist es den Lehrkräften möglich, Ihr Kind von Anfang an angemessen zu begleiten und zu fördern. Die Vorenthaltung von Informationen über Besonderheiten Ihres Kindes und/oder Tests, Gutachten und Diagnosen kann ein Grund sein, den Schulvertrag zu kündigen.«

Ich kann mir da nur an den Kopf fassen! Die Vorstellung, dass die Lehrer über die Diagnosen ihrer Schüler Bescheid wissen müssten, weil sie dann auf die Störung eingehen könnten, ist völlig realitätsfremd. Denn dazu sind Lehrer nicht befugt und schon gar nicht ausgebildet. Andererseits kann ich sehr gut verstehen, dass Lehrer daran interessiert sind, verhaltensauffällige Kinder zu »diagnostizieren« bzw. diagnostizieren zu lassen. Denn über bestimmte Diagnosen können sie zu ihrer Entlastung einen Integrationshelfer beantragen. Dieser setzt sich im Unterricht neben das Kind und verlässt mit ihm die Klasse, wenn es wieder mal unruhig ist.

Doch wieder einmal geschieht etwas zum Nachteil des Kindes: Nicht mehr das verhaltensauffällige Kind steht im Fokus, sondern die (dringend notwendige) Entlastung der Lehrer und der Klasse. Denn auch wenn eigentlich vorgesehen ist, dass Erzieher und ähnlich ausgebildete Fachleute als Inklusionshelfer eingesetzt werden, sind doch meist nur Laien für diesen in der Regel schlecht und nach Stunden bezahlten Job zu haben. In den Schulferien verdient ein Inklusionshelfer also nichts, und wenn das zu betreuende Kind mal krank ist oder aus anderen Gründen nicht zum Unterricht erscheint, bleibt die Bezahlung ebenfalls aus. Also sind es oft Studenten, Mütter und andere Laien, die sich als Inklusionshelfer etwas dazuverdienen wollen. Von einer fachgerechten Betreuung verhaltensauffälliger Kinder kann kaum die Rede sein. Wenn einmal ein Sonderschullehrer mit im Spiel ist, dann nur für wenige Stunden in der Woche. Im Grunde genommen müssten aber alle betroffenen Kinder fachgerecht durch einen ausgebildeten Sonderschullehrer betreut werden.

Für die Bundesländer ist die Sache mit den Inklusionshelfern allerdings eine tolle Sache. Denn während die Förderschulen, an denen so manches Kind mit nicht entwickelter Psyche besser aufgehoben wäre, Landessache sind, tragen für die Einzelfallhelfer die Jugend- und Sozialämter die Kosten – also die Gemeinden und Städte. Statt Kosten abzuwälzen, sollte sich die Bildungspolitik auf Landes- und auch auf Bundesebene wieder ihrer Aufgabe annehmen, Kindern die Förderung zukommen zu lassen, derer sie so dringend bedürfen.

Arztbriefe und Berichte gehören schon allein deshalb nicht in die Akten von Kindergärten oder Schulen, weil nicht geklärt ist, was mit ihnen einmal passieren wird. Überall in der Gesellschaft wird heiß über Datenschutz diskutiert, niemand würde es wagen, die ärztliche Schweigepflicht in Frage zu stellen. Doch von Eltern wird verlangt, dass sie die Diagnosen ihrer Kinder offenlegen. Mir sind keine Mutter und kein Vater in Erinnerung, die das verweigert hätten. Ich verstehe das nicht. Einerseits wundert man sich über Eltern, die beim Thema Datenschutz maß- und sinnlos übertreiben. So setzten einige Eltern in einer brandenburgischen Kita durch, dass die Zeichnungen ihrer Kinder nicht mehr mit Namen gekennzeichnet werden. Statt einem stolzen »Tom« oder »Marie« stehen nun Nummern unter dem gemalten Schneemann oder Dinosaurier.[56] Und gleichzeitig geben überall in Deutschland Eltern die Diagnosen ihrer Kinder aus der Hand und öffnen damit der Gefahr Tür und Tor, dass diese stigmatisiert oder sogar unter einem Vorwand erst gar nicht in der Schule aufgenommen werden.

Dies ist nur eine der vielen Erscheinungsformen der Tatsache, dass Kinder nicht mehr als das gesehen werden, was sie sind: eben Kinder – alle mit denselben Grundbedürfnissen und doch jedes für sich einzigartig. Ganz im Gegenteil: Jeder projiziert seine eigenen Vorstellungen und Wünsche in das Kind hinein. Es läuft letztlich darauf hinaus, dass das Kind völlig egal ist.

Diese Erfahrung hat auch Frau G. gemacht. Sie ist Pädagogin mit vielen Weiterbildungen und Zusatzqualifikationen. Seit Anfang der Neunzigerjahre arbeitet sie in der familienanalogen Jugendhilfe. Ihr Mann und sie haben seitdem ihre eigenen Kinder großgezogen und mehr als ein Dutzend Kinder mit Förderbedarf in ihrer Familie betreut und auf ihrem Weg begleitet.

MW: Mit Ihrer ersten Gruppe von sechs Kindern haben Sie vor über 25 Jahren angefangen, wie hat sich Ihr Berufsfeld in dieser Zeit gewandelt?
MG: Ja, da sind einige Wellen über uns hinweggerauscht. Je nach dem gerade angesagten gesellschaftlichen Trend unterscheidet sich der Blickwinkel auf die Kinder deutlich. Mitte der Neunziger achtete man sehr darauf, ob das Kind womöglich missbraucht worden war. Später kam zum Beispiel die ADHS-Welle, und heute wundere ich mich darüber, wie viele Kinder plötzlich Autismus haben sollen. Für die Kinder hat es schlimme Folgen, wenn sie in solche Schub-

laden gesteckt werden. Sie werden nicht mehr so gesehen, wie sie wirklich sind, sondern als das, was die Gesellschaft in ihnen sieht. Noch gravierender ist aber, dass seit 2002/2003 eine langgezogene Welle alle anderen Trends überlagert: Damals hat sich die Vorstellung durchgesetzt, dass alle Kinder gleiche Chancen hätten und auch gleiche Leistung bringen könnten, wenn man ihnen nur genügend Fördermaterial zur Verfügung stellt. Seitdem ist das sogenannte »autonome Lernen« aus den Schulen nicht mehr wegzudenken. Es bedeutet aber auch, dass in Bezug auf lernbehinderte und geistig behinderte Kinder schlichtweg übersehen wird, dass nicht allen Kindern dieselben Möglichkeiten ins Leben mitgegeben wurden.

MW: Alle Kinder werden also über einen Kamm geschoren?
MG: Ja, die Tendenz ist da. Man sieht das deutlich an der heutigen Inklusion. Natürlich kann man versuchen, körperbehinderte und lernbehinderte Kinder möglichst in normale Klassen zu integrieren. Doch die Blindheit für die Eigenheiten jedes Kindes hat dazu geführt, dass auch diejenigen in normale Schulen aufgenommen werden, die dort schlicht und einfach untergehen. Sie ziehen so viel Aufmerksamkeit von den Lehrern ab, dass für die anderen kaum mehr etwas übrig bleibt. Die einen Kinder sind also in einem ständigen Überforderungsmodus, die anderen bleiben weit unter ihren Möglichkeiten. Für alle ist das furchtbar frustrierend.
Es dauert lange, bis man endlich zugibt, dass ein Inklusionsversuch ein Fehlschlag war. Aber dann geht es auf einmal ganz schnell und es wird nach einer Radikallösung gesucht. Ich habe oft miterlebt, dass ein Kind von »kann in einer normalen Klasse mitschwimmen« direkt auf »geistig behindert« eingeordnet wurde. Beide Einschätzungen zielten aber am Kind vorbei. Ich würde mir wünschen, dass

jedes Kind wieder so gesehen wird, wie es tatsächlich ist, und man sich in Ruhe überlegt, was die beste Förderung für es ist.

MW: Jetzt könnte man sagen, dass doch bereits sehr viel Wert auf individuelle Förderung gelegt wird. Oder etwa nicht?
MG: Naja, aber es geht doch darum, *wohin* gefördert wird. Nur weil heute alle nur wenig können, ist noch lange nicht alles in Ordnung. Es sieht doch heute so aus: Kinder mit fehlender psychischer Reife werden in ihrem Verhalten bestätigt; ihnen und ihren Eltern wird vorgegaukelt, dass sie alle Anforderungen erfüllten. Im realen Leben laufen die Kinder dann vor eine Wand.
Bei der Arbeit mit lernbehinderten und geistigbehinderten Kindern zeigt sich wie unter dem Vergrößerungsglas, was auch bei all den Kindern gang und gäbe ist, die psychisch nicht entwickelt sind: Es wird so getan, als ob alles in Ordnung wäre. Am Ende geht es ihnen dann so wie Marita, sie ist eines der von mir betreuten Kinder. Sie ist lernbehindert, durch fleißiges Auswendiglernen hat sie es aber geschafft, in Rechtschreibung besser als so manches »normale« Kind zu sein. Doch bei Grammatik und Ausdruck kann sie nicht mithalten. Der Berufsberater riet ihr, Sekretärin zu werden, und die Schule unterstützte diesen Plan. Ich konnte nur die Hände über dem Kopf zusammenschlagen. Doch Marita wollte nicht auf mich hören. Ihr wurde eingeredet, dass ich nicht will, dass sie einen »Karrieresprung« macht. Ihr Versuch, im ersten Arbeitsmarkt Fuß zu fassen, scheiterte. Das war vorhersehbar. Doch Marita glaubt heute noch, dass es nicht an ihr lag, sondern am blöden Chef, der ihr Potenzial nicht gesehen hat.

Was Frau G. berichtet, entspricht auch meinen Erfahrungen: Kinder werden nicht mehr als das gesehen, was sie sind, sondern als das, was der Erwachsene in sie hineinliest. Heute geht es nur darum, wie man sich *vorstellt*, wie die Kinder sein sollen – und zwar alle möglichst gleich. Das ist die ultimative Vernachlässigung.

Nur in einer einzigen Sache sind alle Kinder tatsächlich gleich: Die Entwicklungsstufen ihrer Psyche sind immer dieselben; sie sind von der Natur vorgegeben und nicht verrückbar. Im Anhang ist eine Übersicht abgebildet. Als unbestechliche Messlatte zeigt diese Entwicklungstabelle, dass viele Kindergarten- und Schulkinder mit ihren psychischen und damit auch sozialen und emotionalen Fähigkeiten ihrem biologischen Alter weit hinterherhinken. Das Tragische für das Kind ist: Wenn es eine bestimmte Stufe nicht schafft, dann geht es auch mit den folgenden Schritten nicht weiter.

Wenn ein Baum auf die Bahntrasse zwischen Bonn und Köln fällt, kann ein Zug umgeleitet werden. Die Reisenden kommen zwar mit Verspätung an, aber sie erreichen ihr Ziel. Doch bei der Entwicklung der Psyche gibt es keinen Umweg, es können auch keine Stationen übersprungen werden. Der Zug fährt bis zum Hindernis und muss dort stehenbleiben, bis das Gleis freigeräumt wird – im schlimmsten Fall bis zum Sankt-Nimmerleins-Tag. Deshalb kann ein Kind, das nie den Unterschied zwischen einer bekannten und einer fremden Umgebung erkannt hat (was ein ca. 20 Monate altes Kind können müsste), auch niemals Abläufe und Strukturen erkennen (für ein ca. fünf Jahre altes Kind mit normaler psychischer Entwicklung kein Problem). Wie sieht so ein Leben in Warteposition aus?

Der 15-jährige Marius hat die psychische Reife eines Kleinkindes. Er ist notorischer Schulschwänzer, sein Zimmer im Souterrain des elterlichen Hauses verlässt er nur selten. Dort lebt er wie eine leere Hülle, wie eine Karosserie ohne Motor. Seit seine Eltern aus lauter Verzweiflung den Mut fanden, ihm den Computer wegzunehmen, schläft er, so viel es geht. Sein Leben besteht nur noch aus Essen, Trinken und Schlafen – also der Befriedigung seiner primären Bedürfnisse. Die Eltern sind davon überzeugt, dass ihre vor einigen Jahren erfolgte Trennung die Ursache für das Verhalten ihres Sohnes ist. »Das wird schon noch«, sagen sie sich.

Marius war bei mir in der Praxis. Seine Untersuchung zeigte unter anderem, dass er einen IQ von 140 hat; er könnte also, wenn er wollte, durchaus ein Einser-Abi machen. Doch diese Grundintelligenz trägt nur einen gewissen Teil dazu bei, ob ein Leben gelingt. Sie ist wie die Festplatte eines Computers. Ganz gleich, wie groß sie ist –, es kommt auf das Betriebssystem an, also auf die emotionale und soziale Intelligenz. Die Grundintelligenz ist angeboren, doch emotionale und soziale Intelligenz müssen erworben werden. Das geschieht weder durch Strenge noch durch Begreifen, sondern maßgeblich im Zuge der Entwicklung der Psyche – also über die Bindung und Beziehung zu Erwachsenen, die das Kind anleiten und orientieren. Für den 15-jährigen Marius gibt es also zwei Möglichkeiten:

- In einem Umfeld, in dem Erwachsene ihn doch noch orientieren, kann er innerhalb von etwa eineinhalb Jahren alles nachholen.
- Er lebt weiter in seinem Zimmer mit dem kleinen Fenster, dort bleibt er eingekerkert in sich selbst. Denn ohne Unterstützung kommt kein Schmetterling mehr aus der Raupe. Marius wird dann auch als Volljähriger tun, was ihm Spaß bereitet, und meiden, was ihn anstrengt. Er wird keine Verantwortung für

sich oder andere übernehmen, keine tragende Beziehung eingehen. Aus dem Blickwinkel psychisch entwickelter Menschen bietet dieses Leben nur wenig Qualität. Marius ist nicht zwangsläufig unglücklich, er sieht keinen Anlass, sein Leben zu ändern. Seine Eltern sorgen für ihn, das reicht ihm.

Irgendwann ist der Punkt erreicht, an dem der Zug auch dann nicht mehr weiterfahren könnte, wenn das Hindernis doch noch fortgeschafft wird. Ist Marius 25 Jahre alt, ist es zu spät. Seine Kleinkind-Psyche ist dann so fest in ihm verankert, dass er – entwicklungspsychologisch betrachtet – bis an sein Lebensende außer Betrieb genommen ist. Er wird die Schritte vom Kleinkind zum Erwachsenen nicht mehr nachholen. Er wird sich nie den Fahrtwind um die Nase wehen lassen können.

Genau das ist das Schreckliche: Die Zahl der psychisch nicht entwickelten Kinder, die wie Züge auf gesperrten Gleisen stehen und vergebens darauf warten, dass es weitergeht, wird weiter zunehmen. Am Ende ist es immer das Kind, das auf der Strecke bleibt.

Fazit:

Weil Erwachsene ihre Verantwortung nicht mehr wahrnehmen, die Kinder zu orientieren, haben Kinder keine Chance, emotionale und soziale Fähigkeiten auszubilden – sie bleiben emotional und sozial dumm. Gleichzeitig erfahren sie großen Stress. Teilweise wird er durch Eltern, die sich selbst in dem Kind verwirklichen, teilweise durch die untragbaren Zustände in Kindergärten und Schulen erzeugt. Außerdem legen Erzieher, Lehrer und Eltern den Kindern Verantwortungen auf, die diese gar nicht tragen können. So werden selbst bei entwickelten Kindern psychosomatische Beschwerden ausgelöst. Um dem Ganzen die Krone aufzusetzen, werden Kinder auch noch pathologisiert: Weil nicht erkannt wird, dass ihre Verhaltensauffälligkeiten oft ihren Grund in einer unzureichend entwickelten Psyche haben, wird so manche hirnorganische Störung diagnostiziert, die gar nicht vorliegt. Die nötige Förderung bleibt aus und die Gefahr, dass immer mehr Kinder lebenslänglich in einer Kleinkind-Psyche verhaftet bleiben, steigt.

Kapitel 9
DIE BILDUNGSOFFENSIVE

Jedes Kind ist einzigartig, von Anfang an. Manche Säuglinge sind kleine, in sich ruhende Buddhas, andere sind schnell irritiert, schreckhaft, wachen nachts oft auf. Es gibt auch Unterschiede in der Grundintelligenz, im Temperament, in Begabungen. Dies alles sind Dinge, die den Kindern von Geburt an ins Leben mitgegeben sind. Doch ihr Bewusstsein, ihr Wahrnehmen und Denken, ihre Vorstellungskraft, ihre sozialen und emotionalen Fähigkeiten müssen sich erst noch bilden – genau das ist die Entwicklung ihrer Psyche. Erst die Psyche befähigt uns zu Motivation und Resilienz, sie ist die Grundlage dafür, dass wir Wissen vernetzen und Probleme lösen können.

Die Entwicklung der Psyche geht mit der Bildung von Persönlichkeit einher. Genau hier liegt das große Missverständnis derjenigen, die meinen, Kinder würden wie kleine Erwachsene schon alles fertig in sich tragen, und man dürfe ihnen nicht zu nahe treten, damit die noch zarte, »angeborene« Persönlichkeit nicht verletzt oder gar niedergewalzt wird. Doch ein Kind ist kein kleiner Erwachsener, es kommt auch definitiv nicht als »kleine Persönlichkeit« auf die Welt. Wissenschaftlich gesehen, ist diese Auffassung grober Unfug. Ein Kind muss sich erst seiner selbst bewusst werden und erste soziale und emotionale Fähigkeiten erwerben, bevor in einem Alter von acht bis neun Jahren von einer beginnenden Persönlichkeitsbildung die Rede sein kann. Sie kann nur in engem Kontakt mit den Erwachsenen stattfinden, wenn also Eltern und Lehrer auf das Verhalten des Kindes antworten und es so orientieren.

Die entwickelte Psyche der Menschen ist die Grundlage unserer Gesellschaft. Sie macht unsere heutige Hochkultur erst möglich. Allein schon, dass wir friedlich miteinander interagieren, in die Zukunft planen und innere Impulse beiseiteschieben können, sind Voraussetzungen für unser heutiges gesichertes Leben. Zivilisation bedeutet eben nicht nur, dass Technik uns ein bequemes Dasein ermöglicht, sondern in erster Linie, dass wir »zivil« miteinander umgehen. Dank unserer Psyche können wir uns zum Beispiel in andere hineinversetzen; ohne entwickelte Psyche wäre es mit unserer friedlichen Gesellschaft schnell vorbei.

Gleichzeitig bietet unsere Kultur den Raum, dass sich unsere Psyche in vollem Umfang entwickeln kann. Dass Kindern eine Kindheit zugestanden wird, in der sie spielend und in Ruhe Erfahrungen machen und zu Persönlichkeiten heranreifen dürfen, aber auch Schulbildung sind Errungenschaften, die nur möglich sind, weil wir den täglichen Überlebenskampf überwunden haben. Unsere Psyche und unsere Kultur bedingen einander, das eine ist ohne das andere nicht möglich. Leider nehmen wir beides als selbstverständlich an, wir kennen es ja nicht anders. Wie schnell das segensreiche Zusammenwirken von Psyche und Kultur auseinanderbrechen kann, ist uns nicht bewusst. Nur so ist zu erklären, dass wir seit zwanzig Jahren fahrlässig alles daran setzen, diese Grundlagen unserer sozialen Gesellschaft zu zerstören.

Es wird viel darüber diskutiert, dass der Rentenpakt in Gefahr ist. 2017 lag der sogenannte Altenquotient bei 36 : 100 – das bedeutet: Auf hundert Menschen im erwerbsfähigen Alter kommen 36 Rentner. Schon dies ist eine Gefahrenlage, die ohne politisches Handeln unsere Gesellschaft auseinandersprengen wird. Doch was passiert, wenn immer mehr Kinder den Zeitpunkt überschreiten, bis zu dem ihre Psyche noch entwickelt werden könnte? Aus ihnen werden 30-, 40-, 50-Jährige, die mit ihrer Kleinkind-Psyche nicht über die sozialen und emotionalen Fähigkeiten verfügen, um im erwerbsfähigen Alter für die Gesellschaft auf der Aktiva-Seite zu stehen. Ganz im Gegenteil: Sie werden auf Versorgung angewiesen sein. Solange sie bei ihren Eltern Unterschlupf finden, fällt es nicht so sehr auf. Doch spätestens, wenn die Elterngeneration nicht mehr da ist, wird die Gesellschaft einspringen müssen. Der Großteil der Erwachsenen mit Kleinkind-Psyche wird in Armut leben. Sollte die Grundversorgung ausbleiben, werden sie sich nehmen, was sie haben wollen; es sind ja Menschen, die nur um sich selbst kreisen.

Zurzeit weisen meiner Erfahrung nach drei bis vier von fünf Grundschulkindern keine klassische Schulreife auf – Tendenz steigend. Und über 50 Prozent der Jugendlichen haben Probleme, in den Beruf zu kommen. Die Frage ist, ob unter diesen Umständen der Sozialstaat noch von Bestand sein kann. Denn relativ wenige Kinder mit normalen sozialen und emotionalen Fähigkeiten werden später als Erwachsene einmal für den Unterhalt von nicht lebenstüchtigen Menschen aufkommen müssen. Der Quotient läge nicht bei 36 : 100, sondern im Extremfall bei 400 : 100. Menschen im Rentenalter kommen noch dazu, fallen aber vergleichsweise kaum noch ins Gewicht.

Die Lage könnte gefährlicher nicht sein. Viele Kinder werden heute schon von ihren Eltern und von Nachhilfeeinrichtungen ersatz-beschult, weil selbst die Minimalanforderung, dass ein Kind lesen, schreiben, rechnen kann, oft nicht erreicht wird. Konsequenterweise müsste das staatliche Monopol auf das Schulwesen und damit die Schulpflicht abgeschafft werden. Das Problem würde das allerdings nicht lösen. Von den Eltern, die dann wieder mehr in der Pflicht stünden, befindet sich ja ein Großteil im Katastrophenmodus und im Zustand der Symbiose, in dem sie das Kind nicht orientieren können. Die wenigen Eltern, Erzieher und Lehrer, die noch über Bindung und Beziehung zum Kind verfügen, können nur einzelne Kinder gegen den herrschenden Zeitgeist fördern und entwickeln. Auch von dieser Seite kann der Befreiungsschlag nicht kommen. Tätig werden muss der Staat. Nach zwanzig Jahren Bildungskatastrophe muss er endlich wieder seinem Bildungsauftrag nachkommen.

Dazu müsste sich aber die Gesellschaft der nahenden Katastrophe erst einmal bewusst werden. Ich bin entsetzt, dass niemand etwas sagt. Es gibt keine Proteste, keine Demonstrationen. Bis auf einige »Quertreiber« finden die Erwachsenen die Welt, die sie den Kindern bieten, attraktiv und angemessen. Die offensichtlichen Fehlentwicklungen werden wegdiskutiert oder totgeschwiegen.

Die gute Nachricht: Das Problem ist lösbar. Wir tun wahnsinnig viel für Kinder. Das Statistische Bundesamt hat errechnet, dass 2016 in Deutschland für Kindertageseinrichtungen 27,3 Milliarden Euro und für Schulen und den schulnahen Bereich 93,1 Milliarden Euro ausgegeben wurden. Diese Zahlen sagen für den Laien nicht viel aus. Ist das viel oder wenig? Aussagekräftiger ist die Tatsache, dass sich die Bildungsausgaben von 2011 bis 2016 für Schulen und den schulnahen Bereich um 8,0 Prozent und für Kindertageseinrichtungen um 34,7 Prozent erhöht haben.

Aber was wird zurzeit mit diesem Geld erreicht? Und was ist überhaupt das Ziel? Die einen wollen ein angepasstes Kind, andere ein freches, durchsetzungsstarkes, die Nächsten legen auf die Fähigkeit zu einem sozialen

Miteinander besonderen Wert. Diese Vielfalt ist auch gut so. Der gemeinsame Nenner ist: Wir wollen die Kinder fit fürs Leben und die Gesellschaft machen. Die Frage ist nicht, ob die jungen Erwachsenen ausbildungsfähig sind; dass viele es heute nicht sind, ist ja nur der Aspekt, der am meisten auffällt und nicht wegzudiskutieren ist. Der Prüfstein ist: Sind sie lebensfähig? Können sie einen Platz in der Gesellschaft einnehmen? Das ist ein weiter gefasster und dem Menschen angemessenerer Fokus als die Zielsetzung, Mitarbeiter für die Wirtschaft heranzuziehen.

Es ist eine Mammutaufgabe, die vor uns liegt. Um das Ziel von sozial eingebundenen Erwachsenen zu erreichen, brauchen wir umgehend eine ehrliche Bestandsaufnahme der heutigen Bildungslandschaft sowie eine Vision, wie sie in zwanzig Jahren sein soll – und ein tragfähiges Konzept, das uns vom Heute ins Morgen bringt. Die Diskussion darüber, welche Schritte eingeleitet werden müssen, muss umgehend angestoßen werden, denn in weiteren zehn, zwanzig Jahren wird es keinen Weg mehr aus der Not geben. Hier die aus meiner Sicht fünf wichtigsten Forderungen:

1. Endlich die Dinge beim Namen nennen
2. Wieder auf Bindung und Beziehung setzen
3. Ein Gesamtkonzept für die Kindergärten und Schulen von morgen
4. Schluss mit der Sparpolitik im Bildungswesen
5. Keine Digitalisierung in Kindergärten und Grundschulen

1. Endlich die Dinge beim Namen nennen
Im Grunde wollen alle ja dasselbe: das Beste für die Kinder. Doch in den Diskussionen um die bestmögliche

Bildung für unsere Kinder regieren Emotionen und Ideologien. Sach- und Fachverstand sind kaum gefragt. Erst wenn wir uns nicht mehr in die Tasche lügen, ist der Weg frei für die dringend notwendigen Veränderungen.

Ich erinnere mich noch gut an ein Vier-Augen-Gespräch mit dem Bildungsminister eines unserer Nachbarländer. Er sagte mir: »Wissen Sie, Herr Winterhoff, wenn ich etwas über neue Lehrmethoden wissen will, informiere ich mich nicht in Deutschland, sondern frage in der Schweiz nach. Denn in Deutschland steht das Ergebnis einer Studie schon fest, bevor überhaupt die Gelder bewilligt werden. Eine fruchtbare Diskussion, geschweige denn eine kritische Auseinandersetzung scheint bei Ihnen gar nicht gefragt zu sein.«

Dieses Erlebnis ist bereits einige Jahre her, mittlerweile gibt es wieder mehr belastbare Studien, die nach wissenschaftlichen und nicht nach ideologischen Gesichtspunkten entstanden. Das genaue Hinschauen brauchen wir aber auch in anderen Bereichen. Hier einige Beispiele:

- Früher wurden Kinder, die es an sozialen Fähigkeiten fehlen ließen, »beziehungsgestört« genannt. Gut, dass sich längst der Begriff »verhaltensauffällig« durchgesetzt hat – er ist wertneutral. Dass aber seit vielen Jahren die Bezeichnung »verhaltensoriginell« die Runde macht, deutet ein klares Defizit zu etwas Kreativem, vielleicht sogar Erstrebenswertem um. So wird die Situation beschönigt und die Verantwortlichen können sich in der Illusion zurücklehnen, dass kein Handlungsbedarf besteht.
- In der Bildungslandschaft ist viel von ganzheitlicher Bildung, Menschsein usw. die Rede. In Artikel 131 der Verfassung des Freistaates Bayern heißt es zum

Beispiel: »Die Schulen sollen nicht nur Wissen und Können vermitteln, sondern auch Herz und Charakter bilden.« Bei genauem Hinschauen aber wird klar, dass natürlich auch in Bayern die Lehrpläne kompetenzorientiert und damit in kleinste Lernhäppchen fragmentarisiert sind. Da Herz und Charakter sich nicht in Kennziffern ausdrücken lassen, werden sie von den messbaren Pseudo-Kompetenzen verdrängt. Es ist wie ein Hohn, dass diese Fraktalisierung der Bildung auch noch als ganzheitlicher Ansatz verkauft wird. Wer Kindern, die unter Lärm leiden, Ohrenschützer verordnet und für die Abschaffung der Hausaufgaben plädiert, weil sie sowieso nicht gemacht werden, denkt nicht ganzheitlich, sondern schraubt an Symptomen herum.

- Dass durch PISA gemessene Mini-Kompetenzen seit einiger Zeit nicht mehr unter dem OECD-Durchschnitt liegen, wird zu einem Sieg des Bildungssystems hochgejubelt. Doch der Blick muss das Ganze umfassen. Kommen die jungen Menschen mit den erlernten Kompetenzen wirklich im Leben weiter? Und warum redet kaum jemand davon, dass die Leistungen der Grundschüler in den Keller gehen?
  - 2016 blieben im Rechnen 37,8 Prozent der Viertklässler unter dem Regelstandard, 15,4 Prozent davon sogar unter Mindeststandard,
  - im Lesen erreichten 34,5 Prozent nicht den Regelstandard, davon 12,5 Prozent noch nicht einmal den Mindeststandard,
  - in der Orthografie lagen 46,1 Prozent der Viertklässler unter dem Regelstandard, davon 22,1 Prozent unter dem Mindeststandard.[57]

Und das bei den insgesamt immer weiter nach unten geschraubten Leistungsstandards! Wer sich diese grottenschlechten Ergebnisse schönreden will, ist schnell mit Begründungen zur Hand: Schuld daran sollen zum Beispiel die vielen Migrantenkinder aus dem Jahr 2015 sein. Aber die wurden in der Untersuchung noch gar nicht miterfasst! Es waren nur Kinder getestet worden, die länger als ein Jahr am Regelunterricht teilgenommen hatten.[58]

2. Wieder auf Bindung und Beziehung setzen
Die Idee der hierarchiefreien Klasse ist ein Gegenentwurf zu den Zeiten, in denen viele Lehrer und Erzieher ihre Autorität mit dem Ziel einsetzten, Kinder zum Parieren und Funktionieren zu bringen, und diese aus gutem Grund Angst vor manchem Lehrer hatten. Doch diese Auffassung von Beziehung zwischen Lehrer und Schüler haben wir schon vor über sechzig Jahren hinter uns gelassen. Seit Generationen werden Kinder in Schule und Kindergarten nicht mehr extrem gemaßregelt, geschweige denn geschlagen. Trotzdem wird immer noch mit diesem Schreckgespenst argumentiert.

Der Zeitgeist setzt auf eine »herrschaftsfreie Kommunikation im Klassenzimmer«. Doch das lehrerzentrierte Arbeiten über Bindung und Beziehung lässt sich nicht ersetzen, das Kind braucht den Lehrer und den Erzieher im Kontakt. Gespräche auf (scheinbarer) Augenhöhe bringen Kinder definitiv nicht weiter. Außerdem ist das, was heute als hierarchielose Beziehung zwischen Kindern und Erwachsenen verkauft wird, eine Mogelpackung. Denn »auf Augenhöhe« bedeutet in diesem Fall ja nur, dass nicht mehr der Lehrer eine Bringschuld hat, sondern der Schüler eine Holschuld.

Hier noch ein Hinweis, der mir am Herzen liegt, weil viele Menschen »Bindung und Beziehung« mit »Erziehung« und »Grenzen setzen« verwechseln. Es war in der

Vergangenheit viel davon die Rede, dass Kindern Grenzen gesetzt werden müssen. Oberflächlich betrachtet, könnte man meinen, meine Aufforderung, die Kinder zu orientieren, hätte dasselbe Ziel. Und doch könnten die Ansätze unterschiedlicher kaum sein. Denn »Grenzen setzen« bezieht sich immer auf die Symptome, es soll Kinder *erziehen*. Orientierung dagegen soll Kinder *entwickeln*.

Wenn ein Zehnjähriger mit Kleinkind-Psyche auf dem Schulhof einen Achtjährigen zur Seite boxt, hat er keinen Begriff davon, was er dem anderen damit antut. Ein Lehrer, der hier Grenzen setzen will, wird auch durch konsequente Bestrafung dieses Verhaltens keinen bleibenden Erfolg erzielen. Der Zehnjährige hat ja weder vor noch nach der Aktion eine Ahnung davon, was von ihm verlangt wird. Es hilft nur die kleinschrittige Orientierung des Zehnjährigen, damit sich dessen Psyche ausbilden kann. Anders gesagt: Jemand, der Grenzen setzt, erwartet schnelle Erfolge. Die sind aber bei nicht entwickelten Kindern nicht zu erwarten.

Auch ein Kind mit altersgerecht entwickelter Psyche wird hin und wieder über die Stränge schlagen, man kann auch sagen: Grenzen austesten. Die Grenzen liegen dann aber weniger in aufgestellten Regeln und in der Sorge, bestraft zu werden, sondern in der Person des Erwachsenen als Gegenüber.

3. Ein Gesamtkonzept für die Kindergärten und Schulen von morgen

Im Zentrum eines Gesamtkonzeptes muss die nachträgliche Entwicklung aller Kinder und Jugendlichen stehen, deren Psyche nicht mit ihrem biologischen Alter Schritt gehalten hat. Denn alles Wissen, das in ein nicht entwickeltes kindliches Gehirn gepackt wird, kann ohne psychische Funktionen nicht vernetzt und sinnvoll angewendet werden. Hier einige Grundvoraussetzungen und Vorschläge:

- **Angemessene Betreuungsschlüssel.** Der Auftrag, die Psyche der Kinder zu entwickeln, ist mit dem heute üblichen Personalschlüssel von etwa 1:25 nicht zu leisten. Erst ein Verhältnis von zwei Lehrern auf 15, vielleicht auch 20 Kinder verspricht in der Grundschule Erfolg. Da es sich bei den nicht entwickelten Kindern sozusagen um Kleinkinder handelt, ist auch ein Team aus einem Lehrer und einem Erzieher anzustreben. Vor allem im Kindergarten und im Grundschulbereich sind sehr kleine Gruppen, in denen personenzentriert gearbeitet wird, unabdingbar. In ihnen finden die Kinder Struktur, Halt und persönliche Ansprache; so wird ihr Entwicklungspotenzial ausgeschöpft.
- **Ganztagsschule aus *einem* Guss.** Da viele Kinder zu Hause nicht mehr die notwendige Orientierung erfahren, ist die Ganztagsschule im Prinzip der richtige Weg. Doch so, wie sie heute organisiert ist, wird das Kind hier eher geschädigt als gefördert.

Der Graben zwischen Vormittags- und Nachmittagsbetreuung ist tief: Fast ausschließlich wird die Nachmittagsbetreuung durch externe Dienstleister organisiert; damit sind die Betreuer für den Nachmittag nicht der Schulleitung unterstellt, sondern den Organisationen, die sie schicken. Was für ein Chaos! Wenn Inklusionshelfer mit im Spiel sind, gibt es oft sogar noch eine dritte Institution, die mitmischt. Diese Mehrgleisigkeit lässt wichtige Synergien erst gar nicht entstehen, teilweise stehen die einzelnen Bereiche sogar in Konkurrenz zueinander.

Das organisatorische Chaos bildet sich auch in den Beziehungen der Betreuer untereinander ab: Weil die

Nachmittagsbetreuer nicht Teil der Lehrerkollegien sind, gibt es kaum Berührungspunkte. Eine Annäherung auf professioneller Ebene ist dringend notwendig, Teamarbeit muss im Vordergrund stehen. Erst wenn alle Bereiche der Ganztagsschule unter der Führung der Schulleitung zusammengefasst sind, profitieren die Mitarbeiter und nicht zuletzt die Kinder. Dann könnte auch die Qualität der Nachmittags- und Inklusionsbetreuung gewährleistet werden. Heute arbeiten sich ja teilweise noch Laien an schwerstgestörten Kindern ab. Ausgebildete Erzieher, die ganztags an den Schulen arbeiten, könnten den Kindern auch nachmittags die benötigte Förderung zukommen lassen.

- **Wertschätzung von Lehrern und Erziehern.** Sie fängt damit an, dass nicht mehr über ihre Köpfe hinweg entschieden wird, wie sie ihre Arbeit zu gestalten haben. Der Schutz vor übergriffigen Eltern ist eine Form von Wertschätzung, die an Bedeutung zunehmen wird. Und auch an einer angemessenen Entlohnung macht sich Wertschätzung fest. Wie kann es sein, dass Grundschullehrer im Vergleich zu ihren Kollegen an den weiterführenden Schulen weniger verdienen? Gerade sie befinden sich doch an einer Schlüsselposition, die über die Zukunft der Kinder und damit über die Zukunft unserer Gesellschaft entscheidet. Um Ruhe in den Beruf zu bekommen, müsste auch endlich damit aufgeräumt werden, dass Kollegen an derselben Schule komplett unterschiedlich gestellt sein können. Im Schnitt sind die an allgemeinbildenden Schulen tätigen Lehrer zu einem Drittel angestellt, zu zwei Dritteln verbeamtet.[59] Das wirkt sich nicht nur auf die Altersvorsorge aus. In Nordrhein-Westfalen hat ein verbeamteter Kollege bis zu 590 Euro netto mehr auf dem Konto als ein angestellter Lehrer. Es ist auch

ein Unding, dass viele der angestellten Lehrer über die Sommermonate arbeitslos gestellt werden. Was das Bildungssystem hierdurch an Kosten spart, wird schamlos der Solidargemeinschaft aufgebürdet.
- **Überdenken der Inklusion.** Da so viele Kinder psychisch nicht entwickelt sind, haben wir heute sehr viel mehr Schüler mit sonderpädagogischem Förderbedarf als je zuvor. Doch die Förderschulen, an denen sich Fachpersonal auf diese Kinder einstellen könnte, werden sukzessive abgebaut. Die Kultusministerkonferenz nannte 2018 die Schülerzahlen[60]: 2007 waren es 3.360 Förderschulen mit 400.399 Schülern; 2016 gab es nur noch 2.913 Förderschulen mit 318.002 Schülern. Wer sich die Mühe macht, kann anhand weiterer in dem Bericht angegebener Zahlen ausrechnen, wie groß der Anteil an Kindern mit sonderpädagogischem Förderbedarf ist, der heute an Regelschulen unterrichtet wird: 39,4 Prozent. 2007 lag diese Quote noch bei 17,5 Prozent. Und das sind nur die »offiziell« als förderbedürftig eingestuften Kinder. Die meisten Kinder mit nicht entwickelter Psyche sind ja nicht verhaltensauffällig in der Form, dass sie eine Gefahr für sich und andere sind, sondern sie schwimmen oftmals unerkannt in den offenen Unterrichtsformen mit.

Würden die Sonderschullehrer ebenfalls an den Regelschulen inkludiert, könnte die Sache mit der Inklusion sogar gelingen. Sie könnten sich dort ganztags um förderbedürftige Kinder kümmern. Doch Sonderschullehrer kommen höchstens für ein paar Stunden in der Woche in den Klassen vorbei; den Rest meint man mit meist nicht entsprechend ausgebildeten Inklusionshelfern bewältigen zu können. Das Recht des Kindes auf Förderung wird mit Füßen getreten.

Wie kann es sein, dass im Schulwesen die fatale Auffassung herrscht, man könne die Verantwortung für die Schüler mit sonderpädagogischem Förderbedarf einfach so wegdrücken? »Aus Sonderschulen kommt man behinderter raus, als man hineingeht«, hat einmal eine Hochschulprofessorin gesagt.[61] Es ist bezeichnend, dass sie mit dieser Einstellung Beraterin der Bundesregierung sein konnte. Ihr Credo »Die meisten behinderten Kinder wären zum Nulltarif inkludierbar« dürfte Musik in den Ohren von Bildungspolitikern gewesen sein, deren Ressorts unter chronischem Geldmangel leiden.

- **Weniger Einflussnahme durch die Wirtschaft.** Zur Wertschätzung von Pädagogen gehört auch, dass pädagogisch unerfahrenen Laien nicht mehr ein so großer Einfluss auf das Bildungssystem zugestanden wird. Damit meine ich hier nicht nur diejenigen, die den gefährlichen theoretisch-ideologischen Unterbau der letzten zwei Jahrzehnte zu verantworten haben, sondern auch Vertreter der Wirtschaft. Hierzu ein Ausschnitt aus einem Fachartikel aus dem Jahr 2009: *»Deshalb fordert die Wirtschaft eine intensivere frühkindliche Bildung, damit Kinder so früh wie möglich relevante Schlüsselkompetenzen erwerben können. Insbesondere sollten Kindertageseinrichtungen verstärkt mathematische, naturwissenschaftliche und technische Bildung sowie Literacy-Erziehung leisten – Bildungsbereiche, die traditionell wenig Bedeutung für Erzieher/innen hatten. Wirtschaftsverbände, Unternehmen und Stiftungen fördern diese Entwicklung z.B. durch Programme wie ›Schlaumäuse‹ (Microsoft) oder ›KidSmart‹ (IBM), durch ›Forscherkisten‹ (Siemens) und durch Handreichungen wie ›Natur-Wissen schaffen‹ (Deutsche Telekom Stiftung).«*[62]

Weil die Wirtschaft der Meinung ist, dass Auszubildende zu wenig von Mathematik, Informatik, Naturwissenschaften und Technik verstehen, sollen nun schon die Kita-Kinder an die entsprechenden MINT-Fächer herangeführt werden. Wahnsinn! Natürlich hat die Wirtschaft ein vitales Interesse daran, dass sie ihre Reihen mit ausbildungsfähigen Jugendlichen auffüllen kann. Doch in der Vergangenheit liefen die Einflussnahmen fast immer nach demselben Schema ab: Gegebenheiten aus der Erwachsenenwelt werden unter Ignorierung jeglicher pädagogischer Erkenntnisse auf die Kinder- bzw. Bildungswelt übertragen. Dass gut ausgebildete Erzieher in Kitas mathematische, naturwissenschaftliche und technische Themen nicht in den Vordergrund stellen, hat einen guten Grund: die sind im natürlichen »Bildungsplan« der Kinder einfach noch nicht dran. Viel wichtiger ist es, die emotionalen und sozialen Fähigkeiten zu fördern. Ideen aus der Wirtschaft sind überall in der Bildungslandschaft zu finden: Schulen müssen wie Unternehmen geführt werden, Teamarbeit wird hochgejubelt, regelmäßige Lehrer-Schüler-Gespräche sollen den Fahrplan in die Zukunft festzurren. Auch die Sache mit der Kompetenzorientierung ist auf diesem Mist gewachsen. Der Webfehler ist immer derselbe: Kinder sind kleine Erwachsene, man muss nur an ihnen ziehen, dann werden sie schneller groß.

- **Den Föderalismus eindämmen.** Dass nicht der Bund das Monopol auf Bildung (und Polizei) hat, sondern die einzelnen Bundesländer über die Bildungshoheit verfügen, hat historische Gründe. So sollte die Gefahr eines Machtmissbrauches eingedämmt werden. Doch die Nachteile dieser Konstruktion wiegen heute immer schwerer. Allein die Kosten des föderalen Systems sind enorm. Die für die verschiedenen Verwaltungen benötigten Gelder werden an anderen Stellen des Bildungssystems dringend benötigt. Der Hauptgrund dafür, den Bund zu stärken, ist jedoch ein anderer: Bildung ist ein gesamtgesellschaftliches Anliegen. Wir brauchen klare, für alle Bundesländer verbindliche Rahmenbedingungen. Als Erstes muss der bindungsorientierte Unterricht zur Voraussetzung staatlicher Förderung gemacht werden. Ein weiterer Schritt wäre die zentrale Festlegung unter anderem von Personalschlüsseln, der Arbeitsverträge für das pädagogische Personal und auch von klaren Leistungsvorgaben wie zum Beispiel »Das Kind beherrscht zum Ende der vierten Klasse die Rechtschreibung von dreitausend Wörtern«. Dann entfallen auch die gewaltigen Hürden, vor denen Lehrer, Eltern und Schüler stehen, wenn sie heute von einem Bundesland ins andere umziehen wollen.

4. Schluss mit der Sparpolitik im Bildungswesen

Viele Kinder, die in den Kindergarten geschickt werden, sind heute nicht kindergartenreif, und Schüler, die in die erste Klasse kommen, nicht schulreif. Wir müssen also die Psyche der Kinder ab dem Kindergarten, spätestens aber in der Grundschule entwickeln. Dazu brauchen wir gut ausgebildete Lehrer und Erzieher. Auch brauchen wir *mehr* Lehrer und Erzieher als je zuvor. Diese Verstärkung des Personals wird der größte Kostentreiber sein. Doch Bildungspolitik betrifft einen Lebensnerv unserer Gesellschaft; sie darf nicht unter dem Spardiktat laufen.

Ein Anfang würde sein, die heute schon für Bildung und Familienförderung bereitgestellten Mittel nach neuen Zielvorgaben zu verteilen. Einige Vorschläge zur Befeuerung der Diskussion:

- Wenn Kindergärten mit offenen Kindergruppen und Grundschulen, die auf »autonomes Lernen« setzen, nicht mehr durch die öffentliche Hand gefördert werden, wäre schnell Schluss mit diesem gefährlichen Wahnsinn.
- Die Psyche der Kinder zu entwickeln muss an allererster Stelle stehen; dies ist die erste Priorität. Alles, was nicht auf dieses Ziel einzahlt, muss hintenanstehen. Und einiges darf man getrost ganz fallen lassen. Wie zum Beispiel die Einführung des Gender-Klos an einigen bayrischen Grundschulen. Wenn die Gleichstellungsbeauftragte eines Landratsamtes die Einführung von Unisex-Toiletten als »wichtigen Schritt, damit gerade transsexuelle und intersexuelle Menschen diskriminierungsfreier leben können« bewertet[63], dann steht auch hier wieder das übliche Missverständnis Pate: Kinder sind kleine Erwachsene, für die solche Fragen bereits eine Bedeutung haben.
- Kindergeld und ähnliche Mittel sollten nicht den Familien, sondern den Institutionen zur Verfügung gestellt werden, die die Entwicklung der Psyche der Kinder vorantreiben. Ein Beispiel für die Gefahr, dass Gelder ineffektiv eingesetzt werden, liefert das Anfang 2019 in Kraft getretene Gute-Kita-Gesetz. Der Bund stellt bis 2022 insgesamt 5,5 Milliarden Euro für eine bessere Qualität der Kindertagesstätten zur Verfügung; zurzeit wird noch mit den einzelnen Bundesländern verhandelt, wofür die Mittel verwendet werden. Die Frage lautet: Was bedeutet »bessere Qualität« genau? Im Sinne der Entwicklung der Psyche müssten die Aufstockung des Personals, damit sich kleine Gruppengrößen verwirklichen lassen, und auch die Durchführung von Weiterbildungen für die Pädagogen absoluten Vorrang haben. Doch meist steht

der Plan im Vordergrund, die Kita-Beiträge für die Eltern herabzusetzen oder den Kita-Besuch gleich ganz beitragsfrei zu stellen. Hier schielt die Landespolitik natürlich auf die nächsten Wahlen. Auch längere Betreuungszeiten, mehr Elternbeteiligung, mehr Musik- und Sprachförderung, mehr Platz usw. sind im Gespräch. Das alles hört sich gut an, doch wenn sich an der Einstellung, die Kinder in der Kita ohne Bindung und Beziehung alleinzulassen, nichts ändert, werden sich die auf diese Weise angewendeten Fördermittel sogar kontraproduktiv auswirken. Längere Betreuungszeiten bedeuten dann, dass die Kinder noch länger mit sich allein sind, und größere Räume, dass sie sich noch mehr in ihnen verlieren.

5. Keine Digitalisierung in Kindergärten und Grundschulen
Um über das Thema Digitalisierung sinnvoll diskutieren zu können, muss man zunächst streng unterscheiden, was genau gemeint ist. Es gibt ja die unterschiedlichsten Möglichkeiten, Computer, Tablets und Co. in Kindergärten und Schulen einzusetzen:

- Lehrer nutzen digitale Hilfsmittel in ihrem Unterricht. In diesem Fall gibt es keinen Grund, aus Prinzip technikfeindlich zu sein. Man sollte aber auch gut überlegen, ob es sich um eine zeit- und kostenintensive Spielerei handelt, oder ob sie den Unterricht wirklich bereichert. Im 7. Kapitel habe ich das Beispiel der digitalen Whiteboards näher beleuchtet.
- Kinder werden vor Bildschirme gesetzt, um zu lernen. Im Extremfall sitzt der Lehrer am Computer, schaltet sich nacheinander in die Bildschirme seiner Schüler ein und verfolgt, wie sie mit ihren Aufgaben zurechtkommen. Beziehung und Bindung: null Prozent. Dass

das nicht funktioniert, sogar schädlich ist, habe ich in diesem Buch klar gemacht. Im Grunde handelt es sich bei dieser Form der Digitalisierung von Schule wieder einmal nur um ein Kostensparmodell. Im digitalisierten Klassenzimmer kann ein Lehrer auch vierzig, fünfzig Kinder abdecken, die alle auf ihren Tastaturen herumklappern. Der Lehrer klickt sich in die Bildschirme der Kinder ein und stellt fest, ob das Kind auch etwas macht. Man kann das auch bis zum bitteren Ende durchdenken: Die Arbeit des Lehrers wird eine Maschine übernehmen. Sie verfolgt in Echtzeit und parallel alle Tastenkombinationen, die hunderte, tausende Kinder drücken. Macht ein Kind Fehler oder wird ein bestimmter Klickwert unterschritten, flackert auf seinem Bildschirm eine entsprechende Meldung auf.

- Kinder sollen in der Schule lernen, wie sie sich verantwortungsvoll im Internet bewegen. Dies ist eine Aufgabe, die durchaus in den Unterricht gehören kann. Sie sollte aber erst dann auf dem Stundenplan stehen, wenn die Jugendlichen auch wirklich ohne Begleitung der Eltern in den Medien unterwegs sind – vor dem elften Lebensjahr sollte das definitiv nicht stattfinden (zu den Gründen dafür komme ich weiter unten). Für die »Medienkompetenz« von Grundschülern oder gar Kindergartenkindern sorgen zu wollen macht also keinen Sinn. Man setzt Grundschüler ja auch nicht in Autos und lässt sie den Führerschein machen, »damit sie später mal fürs Leben gerüstet sind«.

- Quer durch alle Parteien wird die Forderung laut, dass Kinder – teilweise schon ab der ersten Klasse – in einem Pflichtfach Informatik das Programmieren lernen sollen. Eine völlig irre Vorstellung! Auch hier ist die Wirtschaft nicht ganz unbeteiligt. 2018 meldete die IT-Branche 82.000 unbesetzte Stellen (2017: 55.000 offene Stellen)[64], die Nöte sind also groß. Doch der Nachwuchsmangel liegt nicht daran, dass Kinder in der Schule nicht das Programmieren gelernt hätten. Er liegt daran, dass immer weniger Jugendliche Lust auf Arbeit haben und auch nicht über die Fähigkeiten verfügen, mit denen sie sich in ein neues Tätigkeitsfeld eindenken könnten. Abgesehen davon wird der Mensch beim Programmieren heute schon zunehmend durch Technik ersetzt. Denn es ist eine sehr mechanische Arbeit. Viel wichtiger ist es, die *Ideen* zu haben, die dann in einer mehr oder weniger stupiden Arbeit in digitale Codes und Programme umgesetzt werden. Für diese Kreativität braucht es die entwickelte Psyche. Und die entsteht *eben nicht* dadurch, dass ein Kind in der Schule oder sogar schon im Kindergarten vor einen Bildschirm gesetzt wird.

Was mir als Kinder- und Jugendpsychiater besonders wichtig ist: Kindergärten und Grundschulen müssen digitalfreie Oasen sein; wir müssen Kinder bis zum zehnten Lebensjahr möglichst umfassend vor Digitalisierung schützen, statt sie auch noch willentlich hineinzustoßen. Man muss leider davon ausgehen, dass die meisten Eltern selbst Kleinkinder grenzenlos ins Internet lassen, statt sie erleben zu lassen, was Moos ist, was Wald ist, wie das riecht, wie sich das anfühlt. Die Kinder basteln zuhause nicht und haben dort keinen Zugang zu Musik. Umso wichtiger ist es, dass ihnen diese und viele andere Erfahrungen im Rahmen von Kindergarten und Grundschule angeboten werden. Denn bevor Kinder vor Bildschirme gesetzt werden, müssen sie erst einmal in der realen Welt ankommen und sie mit Händen und Füßen entdecken, begreifen und erobern dürfen.

Je früher Kinder mit Smartphones, Tablets und Computern konfrontiert werden, desto autistoider werden sie; von den narzisstischen und egomanischen Verhaltensweisen eines Kleinkindes kommen sie dann nicht los. Sie werden nicht nur von Bewegung, direkten Erfahrungen und direkter Kommunikation abgehalten, sie werden auch in ihrem Kleinkind-Weltbild bestätigt: Ich wische, also passiert etwas. Die Vorstellung, dass das Internet auch schon kleine Kinder fördern könnte, ist völlig falsch. Ganz im Gegenteil: Es sorgt für permanente Lustbefriedigung. Nicht entwickelte Kinder und Jugendliche werden in ihrer Kleinkind-Vorstellung bestätigt, dass sie sich jederzeit bedienen und alles steuern können. Gleichzeitig werden sie durch die Reizüberflutung völlig überfordert und rutschen in eine Parallelwelt ab.

Wir sind in einem Digitalisierungswahn. Es wird nicht gesehen, dass wir nicht Kinder brauchen, die mit Computern umgehen können, sondern Kinder, die über eine entwickelte Psyche verfügen. Wir müssen unsere Kinder nicht auf ein digitalisiertes Zeitalter vorbereiten. Die Digitalisierung ist nur eine Form von Technik, die vieles möglich macht. Ein Mensch mit entwickelter Psyche kann sich mit jeder Technik auseinandersetzen, für die er sich interessiert. Viel mehr brauchen wir Erwachsene, die Ideen haben, die umsichtig sind, weitsichtig, im Voraus und kreativ denken. Die Basis hierfür wäre nur gelegt bei einer entsprechenden Entwicklung der emotionalen und sozialen Psyche.

So weit zu meinen fünf Forderungen zur dringend fälligen Bildungsoffensive. Es macht Mut, dass mittlerweile erste Anstrengungen sichtbar werden, Fehlentscheidungen der Vergangenheit zu korrigieren. So sagte die baden-württembergische Kultusministerin Susanne Eisenmann in einem Interview mit dem Magazin ›Der Spiegel‹:

»Die Bildungspläne haben zuletzt sehr stark auf Kompetenzen abgehoben und den Begriff des Lernens weit gefasst. Das wird gerade zurückgedreht. (...) Ein bisschen weniger Open Space und Gruppenpuzzle wäre gut.«[65] Und der hessische Bildungsminister Alexander Lorz will wieder mehr auf Rechtschreibung und eine gut lesbare Handschrift achten sowie einen verbindlichen Grundwortschatz einführen. Eine Vorgabe, was genau am Ende der Grundschule in Wort und Schrift beherrscht werden soll, würde der weiteren Absenkung der Leistungsanforderungen einen Riegel vorschieben. Am hoffnungsfrohsten stimmt mich sein Satz: »Wir geben dem Prozess Zeit und setzen auf die Expertise der Praxis vor Ort, die uns wichtige Hinweise für diese Orientierungshilfe geben wird.«[66] Genau daran hat es zwanzig Jahre lang gefehlt: Bedachtsamkeit und Berücksichtigung der Erfahrungen derjenigen, die direkt mit den Kindern arbeiten.

Doch während in Deutschland erste Korrekturbewegungen spürbar werden, laufen in der lange Zeit standhaft gebliebenen Schweiz mit dem »Lehrplan 21« die Kompetenzorientierung und der »offene Unterricht« gerade erst so richtig an. Die »21« bezieht sich auf die 21 Schweizer Kantone, in denen Deutsch gesprochen wird. Man hat offensichtlich vor, alle Stationen des schulischen Niedergangs der letzten zwanzig Jahre, von dem sich Deutschland erst noch erholen muss, nachzuholen und zu durchleiden. Es zeigen sich auch weitere unübersehbare Parallelen zum bisherigen Geschehen in Deutschland. In Deutschland hat die Einmischung der Wirtschaft in bildungspolitische Fragen für viel Unheil gesorgt. In der Schweiz ist man auf dem besten Wege, diesen Fehler zu wiederholen. Der ›Tagesanzeiger‹ ist eine der einflussreichsten Zeitungen der Schweiz. In einem 2018 in ihm veröffentlichten Artikel hieß es:

> »*Doch die Wirtschaft geht noch viel weiter: Nach ihrem Willen soll die Schule nicht nur neue Inhalte anbieten, sondern sich komplett neu organisieren. Konkret sollen Primarschüler künftig in den beiden Kernfächern Mathematik und Deutsch ›digital‹ unterrichtet werden. Individualisierte Lernformen wie Wochenpläne würden bislang durch den enormen Aufwand für die Lehrer erschwert, sagt Minsch* [Anmerkung: Rudolf Minsch ist der Chefökonom des Dachverbandes der Schweizer Wirtschaft ›Economiesuisse‹]. *Mit computerbasierten Lernprogrammen sei es fortan wesentlich einfacher, die Lernfortschritte zu kontrollieren und zu dokumentieren.*«[67]

Der Kampf geht also weiter. Es steht zu hoffen, dass die Bildungspolitiker der deutschsprachigen Länder schnellstmöglich die Reißleine ziehen und wieder auf das einzig wirksame Vorgehen, also den lehrerzentrierten und orientierenden Unterricht einschwenken. Kommende Wahlen und der sich hoffentlich den Realitäten anpassende Wählerwille mögen ein beschleunigender Anreiz dafür sein. Bis es aber so weit ist, dass politische Entscheidungen in den Klassenzimmern und Gruppenräumen spürbar werden, bleibt es den Eltern und Lehrern überlassen, ihre Kinder so gut wie irgend möglich zu begleiten und zu orientieren. Mehr als die Liebe zum Kind und die Bereitschaft, für es präsent zu sein und sich ihm zuzuwenden, braucht es dazu nicht.

Viele Erwachsene gehen jedoch zu verkrampft mit ihren Kindern um. Das zeigte mir kürzlich wieder einmal ein Journalist, der nach einem meiner Vorträge auf mich zukam. Er erzählte mir, dass er selber Kinder hat und fragte: »Herr Winterhoff, was haben Sie Ihren Kindern Besonderes mitgegeben?« Genau diese Frage zeigt eines der grundlegenden Probleme in der Beziehung zwischen

Erwachsenen und Kindern auf: Man überlegt, wie man sie bestmöglich fördert, nach welcher Methode sie erzogen und was sie später mal werden sollen. Doch Kinder sind kein Projekt. Alles, was sie brauchen, ist ein entspanntes, in sich ruhendes Gegenüber und Freiraum für ihre Entwicklung. Meine Antwort lautete: »Wir haben sie nicht mit Verantwortungen und Erwachsenenproblemen beladen, sondern sie als Kinder gesehen. Sie waren für uns ein Geschenk, und wir haben uns jeden Tag an ihnen gefreut.«

Fazit:

Ändert sich nicht grundlegend etwas am heutigen Bildungssystem, wird das schleichende Gift der fehlenden psychischen Entwicklung unsere Gesellschaft unrettbar und binnen kurzer Zeit aushöhlen. In der Breite kann die (nachträgliche) Entwicklung der kindlichen Psyche nur in Kindergarten und Schule stattfinden. Ganztagesangebote und zehntausende zusätzliche, gut ausgebildete Erzieher und Lehrer, mit denen sich kleine Gruppengrößen realisieren lassen, führen zum Ziel. Die enormen Kosten hierfür *müssen* wir als Gesellschaft stemmen, sonst werden die Zeiten des Friedens und des Wohlstandes bald vorbei sein.

ANHANG

Die Entwicklung der emotionalen und sozialen Psyche des Kindes aus tiefenpsychologischer Sicht

Alter	Wahrnehmung
Geburt	Außerhalb von mir existiert noch eine Welt.
Säugling	Unterscheidung zwischen angenehm und unangenehm (z.B. Die Mutter schmust mit mir – ich werde gewickelt).
Krabbel- und Laufalter	Eroberung und Entdeckung des Raumes, Beginn der räumlichen Wahrnehmung, z.B. gibt es Gegenstände, die hart, weich, kalt oder warm sind. Sie lassen sich bewegen oder auch nicht.
Ab ca. 10-16 Monaten	Unterscheidung zwischen »Mensch« und »Gegenstand«. Der Mensch lässt sich im Unterschied zum Gegenstand nicht immer steuern, er steuert mich und reagiert auf Sprache.
Ab ca. 20 Monaten	Unterscheidung zwischen bekannter und fremder Umgebung: In fremder Umgebung sucht das Kind den Schutz der Eltern.
Ab ca. 2 Jahren	Es gibt Menschen, die sind größer und stärker als ich, nur mir etwas unheimlich, z. B. Jugendliche.
Ca. 2,5-3 Jahre	Die »Selbstbildung« ist erfolgt: Ich bin ein Mensch, du bist ein Mensch. Klare Zuordnung der Bezugspersonen, z.B. Vater, Mutter und Erzieherin. Jetzt beginnt die Orientierung an ihnen und ihren Reaktionen, z. B. »Das hast du gut gemacht«, »Das möchte ich haben«.
Ab ca. 3 Jahren	*Kindergartenreife:* Beginnendes Erkennen von Strukturen, Abläufen und Regeln. Die Erzieherin bietet Orientierung und Schutz. Ausbau der Beziehungsfähigkeit: Das Kind macht viele Dinge *für* die Erzieherinnen wie auch *für* die Eltern.

Ca. 5 Jahre	z.B. Unterscheidung gut – schlecht / richtig – falsch. Das Kind erkennt Abläufe und Strukturen, sie geben Halt und Sicherheit.
Ab ca. 6 Jahren	*Grundschulreife:* Lebendiges Interesse an den Kulturtechniken. Das Kind *will* lesen, schreiben, rechnen lernen. Der Lehrer wird als solcher erkannt, das Kind richtet sich nach ihm aus. Es macht viele Dinge für den Lehrer, auch Dinge, zu denen es mal keine Lust hat wie Üben oder Hausaufgaben erledigen. Im Unterricht verhält es sich anders als in der Pause. Regeln werden erkannt und verinnerlicht.
Ab ca. 8 Jahren	Interesse an gesellschaftlichen Zusammenhängen und Abläufen, z.B.: Wie funktioniert eine Bank, eine Post, eine Bäckerei?
Ab ca. 10 Jahren	Das selbstständige Denken weitet sich aus. Tiefes Interesse an Sachthemen, z.B. im Bereich Naturwissenschaften, Geschichte und Fremdsprachen.
Ab ca. 11-12 Jahren	Vertiefung von Freundschaften. Im Vordergrund steht das Interesse am Anderen, das Spiel gerät zunehmend in den Hintergrund.
Ab ca. 14 Jahren	Andere Menschen, z.B. Lehrer, haben Schwachpunkte. Die Welt ist fehlerhaft. Was bisher absolute Gültigkeit hatte und zur Orientierung diente, wird nach und nach »entzaubert«.
Ab ca. 15 Jahren	Eltern haben Schwächen und Fehler. Auch sie werden »entzaubert« und können infrage gestellt werden. Der Jugendliche erkennt: Ich bin ein Individuum, habe zunehmend eine eigene Meinung, einen eigenen Geschmack, habe Geheimnisse, öffne mich nicht mehr jedem.
Ab ca. 16 Jahren	*Berufsreife:* »Letzter« großer Entwicklungsschritt. Ich hinterfrage mich selbst, erkenne meine eigenen Schwachpunkte. Ich lerne jetzt für mich. Erweitertes perspektivisches Denken: Wie möchte ich später leben, was soll die Zukunft für mich bringen? Was will ich werden? Jetzt stellt sich zunehmend das *Erwachsenendenken* ein.

ANMERKUNGEN

Die Links wurden am 26. Februar 2019 auf ihre Richtigkeit geprüft. Der Verlag weist ausdrücklich darauf hin, dass im Text enthaltene externe Links vom Verlag nur bis zum Zeitpunkt der Buchveröffentlichung eingesehen werden konnten. Auf spätere Veränderungen hat der Verlag keinerlei Einfluss. Eine Haftung des Verlags ist daher ausgeschlossen.

1   H.-G. Schönwälder, J. Berndt, F. Ströver, G. Tiesler: »Lärm in Bildungseinrichtungen«, Berlin 2004.

2   »Akustische Gestaltung in Schwimm- und Turnhallen«, Fraunhofer Institut für Bauphysik (IBP), Stuttgart; unterstützt durch die Unfallkasse Baden-Württemberg. Fraunhofer Verlag, Stuttgart, 2. Auflage 3/2015.

3   Siehe zum Beispiel: »Hat die Mengenlehre versagt?«, Thomas von Randow und Dieter E. Zimmer in »Die Zeit«; 21.12.1973.

4   Interview Rafaela von Bredow und Veronika Hackenbroch mit Hans Brügelmann: »Sie irren, wenn Sie eine Rechtschreibkatastrophe heraufbeschwören«, in: »Der Spiegel«, Heft 25/2013.

5   Jeanette Otto: »Ein heikler Streich«, in: »Die Zeit«, 51/2013.

6   Landesakademie für Fortbildung und Personalentwicklung an Schulen, Baden-Württemberg; https://lehrerfortbildung-bw.de/st_if/bs/if/unterrichtsgestaltung/methodenblaetter/lerntheke.html.

7   Referenzrahmen Schulqualität NRW (Schule in NRW, Nr. 9051), Hg.: Ministerium für Schule und Weiterbildung des Landes Nordrhein-Westfalen, Düsseldorf 2015.

8   Siehe https://www.ganztag-nrw.de/information/medien-materialien/detailansicht/article/film-5-anders-lernen-lernzeiten-in-der-ganztagsschule/ Träger der Agentur ist das Institut für soziale Arbeit e.V. (ISA), das vom Ministerium für Schule und Bildung in NRW gefördert wird.

9   John Hattie: »Visible Learning. A Synthesis of Over 800 Meta-Analyses Relating to Achievement«, Routledge 2008. In deutscher Übersetzung: »Lernen sichtbar machen«, Schneider-Verlag, Hohengehren 2013.

10 Landesakademie für Fortbildung und Personalentwicklung an Schulen; https://lehrerfortbildung-bw.de/st_if/bs/if/beziehungsgestaltung/.

11 Beschluss der Kultusministerkonferenz vom 24.5.2002.

12 Landesakademie für Fortbildung und Personalentwicklung an Schulen, Baden-Württemberg; https://lehrerfortbildung-bw.de/u_gewi/religion-rk/gym/bp2004/fb1/1_theorie/komp/3_wassind/2_ziele/ .

13 https://www.schulentwicklung.nrw.de/q/ganztag/lernzeiten-in-der-sekundarstufei/individualisiertes-lernen/lernarrangements/index.html.

14 »Richtlinien für die Sexualerziehung in Nordrhein-Westfalen«, Herausgegeben vom Ministerium für Schule, Wissenschaft und Forschung des Landes Nordrhein-Westfalen, unveränderter Nachdruck, Düsseldorf 2011, 19.

15 Til-Reimer Stoldt: »Kinder sollen Analsex in der Schule spielen«, veröffentlicht am 19. Juli 2016 auf welt.de und die Antwort auf die Kleine Anfrage 1859 des Abgeordneten Gordon Hoffmann (CDU) im Brandenburger Landtag vom 2. August 2016.

16 Heidrun Bode und Angelika Heßling: Jugendsexualität 2015. Die Perspektive der 14- bis 25-Jährigen. Ergebnisse einer aktuellen Repräsentativen Wiederholungsbefragung. Bundeszentrale für gesundheitliche Aufklärung, Köln 2015.

17 Aus: »Bildungsstandards der Kultusministerkonferenz – Erläuterungen zur Konzeption und Entwicklung«, Luchterhand, Neuwied 2005, 6 und 7.

18 Hermann Giesecke: »Wer braucht (noch) Erziehungswissenschaft?« In: Neue Sammlung, Heft 2/2004, 151-165; zitiert aus: http://www.hermann-giesecke.de/erzwiss.htm.

19 https://www.mediadb.eu/datenbanken/internationale-medienkonzerne/pearson-plc.html.

20 https://www.bertelsmann.de/news-und-media/specials/education/artikel/.

21 Ferdinand Knauß: »Die Illusion der Bertelsmann-Schüler-Studie«, in: WirtschaftsWoche Online, 16. Juli 2017.

22 https://schule-im-wandel.info/set-upp-schulmoebel/neue-raumformen/flur/.

23 Volksstimme.de am 22. Februar 2018: »Lehrer kapitulieren vor Grundschülern«. https://www.volksstimme.de/sachsen-anhalt/offener-brief-lehrer-kapitulieren-vor-grundschuelern.

24 »Gewalttätige Grundschüler im Harz – Lehrer starten Hilferuf«; https://www.mdr.de/sachsen-anhalt/magdeburg/hilferuf-von-lehrern-an-grundschule-hessen-harz-100.html.

25 Saarbrücker Zeitung: »CDU und FDP fordern Konzepte für Schulen«, 28. Februar 2018; https://www.saarbrueckerzeitung.de/saarland/saarland/cdu-und-fdp-fordern-konzepte-fuer-schulen_aid-7659069.

26 https://www.sr.de/sr/home/nachrichten/politik_wirtschaft/grundschulen_hilferufe100.html.

27 https://www.n-tv.de/panorama/Wo-die-Sitzenbleiber-wohnen-article18645926.html.

28 Philipp Frohn: »Wie sollen Lehrkräfte vermitteln, was sie selbst nicht können?« 26. Januar 2018; https://blogs.faz.net/blogseminar/wie-sollen-lehrkraefte-vermitteln-was-sie-selbst-nicht-koennen/.

29 Süddeutsche Zeitung, sz.de: »Immer mehr Studenten suchen psychologische Beratung«, 7. Mai 2018; https://www.sueddeutsche.de/bayern/hochschulen-immer-mehr-studenten-suchen-psychologische-beratung-1-3970044.

30 Online-Ausbildungsumfragen des DIHK vom Frühjahr 2018 bzw. 2017, an den Umfragen beteiligten sich über 10.300 bzw. 10.500 Unternehmen.

31 Zitiert in: Angelika Dietrich: »Mit Schwung, aber lesbar«, in: »Die Zeit«, Nr. 13/2011.

32 Jutta Kastein: »Besserung ist nicht in Sicht«, Deutschlandfunk, 25. Juni 2005.

33 Markus Günther: »Diplome für alle«, in: »Frankfurter Allgemeine Zeitung«, 31. August 2018.

34 Katie McGee: »What Really Happened At The School Where Every Graduate Got Into College«, in: npr, 28. November 2017 https://www.npr.org/sections/ed/2017/11/28/564054556/what-really-happened-at-the-school-where-every-senior-got-into-college.

35 Zitiert in: »Soziale Herkunft entscheidet über Bildungserfolg«, in: ZEITonline, veröffentlicht am 23. Oktober 2018.

36 Spiegel online: »4000 Euro für jeden Absolventen«, 29. Juni 2015; http://www.spiegel.de/lebenundlernen/uni/nrw-zahlt-hochschulen-praemien-fuer-absolventen-a-1041235.html.

37 Statistisches Bundesamt »Schulen auf einen Blick«, Ausgabe 2018.

38 Pressemitteilung des Landesbetriebs IT.NRW »Im Sommer 2017 wechselten zwei von fünf Kindern von einer Grundschule zum Gymnasium«; veröffentlicht am 5. Juli 2018; https://www.it.nrw/im-sommer-2017-wechselten-zwei-von-fuenf-kindern-nrw-von-einer-grundschule-zum-gymnasium-90833.

39 »Hindernis Herkunft – Eine Umfrage unter Schülern, Lehrern und Eltern zum Bildungsalltag in Deutschland«; Studie des Instituts für Demoskopie Allensbach im Auftrag der Vodafone Stiftung Deutschland; Befragungszeitraum: März 2013.

40 Statistisches Bundesamt: »Schulen auf einen Blick«, Ausgabe 2018.

41 Zitiert in: Thomas Vitzthum: »Wird das Abitur bald noch einfacher?« in: »Die Welt«, 11.06.2015; https://www.welt.de/politik/deutschland/article142334085/Wird-das-Abitur-bald-noch-einfacher.html.

42 Ulrich Heublein und Robert Schmelzer: »Die Entwicklung der Studienabbruchquoten an den deutschen Hochschulen«, DZ-HW-Projektbericht, Oktober 2018.

43 »Hindernis Herkunft – Eine Umfrage unter Schülern, Lehrern und Eltern zum Bildungsalltag in Deutschland«. Institut für Demoskopie Allensbach; im Auftrag der Vodafone Stiftung

Deutschland. Befragt wurden 1.804 bevölkerungsrepräsentativ ausgewählte Personen ab 16 Jahre, darunter 507 Lehrer an allgemeinbildenden Schulen, 543 Eltern von Schulkindern, 614 Schüler ab Klasse 5; Befragungszeitraum: März 2013.

44 Ferdinand Knauß: »Das Ende des achtjährigen Gymnasiums«, in: »WirtschaftsWoche«, 4. November 2016; https://www.wiwo.de/erfolg/hochschule/g9-kommt-zurueck-das-ende-des-achtjaehrigen-gymnasiums/14788468.html.

45 Klaus Scheuch et al.: »Lehrergesundheit«. Deutsches Ärzteblatt 2015, 347-356; https://www.aerzteblatt.de/archiv/170601/Lehrergesundheit.

46 Pressemeldung der DAK vom 28. Juni 2017, an der DAK-Studie hatten 1.900 Grundschullehrer teilgenommen.

47 Statistisches Bundesamt, Pressemeldung vom 18.12.2017; https://www.destatis.de/DE/PresseService/Presse/Pressemitteilungen/2017/12/PD17_460_742.html.

48 Matthias Korfmann und Christopher Onkelbach: »Viele Lehrer gehen vorzeitig in Pension«, in: »Westfälische Rundschau« vom 30. November 2018; https://www.wr.de/politik/landespolitik/viele-lehrer-gehen-vorzeitig-in-pension-id215902767.html.

49 R.S. Jäger: »Mobbing von Lehrkräften. Bericht über eine Online-Befragung von Lehrern im deutschsprachigen Raum«, Zentrum für Empirische Pädagogische Forschung (zepf) der Universität in Landau, November 2012.

50 »Kindergarten und Schule in Südtirol – Ein Überblick«, herausgegeben von der Autonomen Provinz Bozen/Südtirol; April 2017.

51 »Online-Nutzung in Deutschland«, repräsentative Befragung von 1.400 erwachsenen Personen in Deutschland durch das Marktforschungsinstitut Valid Research, Bielefeld 2017.

52 Sandra Stalinski: »Zwei Wochen Crash-Kurs – und dann Lehrer«; tagesschau.de vom 16. August 2018.

53 »Präventionsradar – Kinder- und Jugendgesundheit in Schulen, Erhebung Schuljahr 17/18«, hg. vom Institut für Therapie- und Gesundheitsforschung, gefördert von der

54 »Wenig Schlaf schadet Konzentration und Gesundheit«; dpa/aerzteblatt.de vom 15. Januar 2019; https://www.aerzteblatt.de/nachrichten/100358/Wenig-Schlaf-schadet-Konzentration-und-Gesundheit.

55 »Ergometer im Klassenzimmer«; dpa/Focus-online am 8. März 2018; https://www.focus.de/panorama/welt/schulen-ergometer-im-klassenzimmer_id_8581393.html.

56 Stefanie Hildebrandt: »Der böse Daten-Drache in der Kita«, in: »Berliner Zeitung online« vom 10. Februar 2019; https://www.berliner-zeitung.de/berlin/datenschutz-der-boese-daten-drache-in-der-kita-32006606.

57 IQB Bildungstrend 2016: »Kompetenzen in den Fächern Deutsch und Mathematik am Ende der 4. Jahrgangsstufe im zweiten Ländervergleich« vom 9.10.2017.

58 Axel Habermehl: »IQB-Studie: Grundschüler im Südwesten schneiden schlecht ab«; swp.de vom 14. Oktober 2017; https://www.swp.de/suedwesten/landespolitik/grundschueler-im-suedwuesten-schneiden-im-vergleich-schlecht-ab-23695337.html.

59 »Wie es Deutschlands Lehrern geht«, in: »Frankfurter Allgemeine Zeitung online« vom 3. März 2015; https://www.faz.net/aktuell/wirtschaft/faule-saecke-oder-burnout-wie-es-deutschlands-lehrern-geht-13461124.html.

60 »Sonderpädagogische Förderung in Schulen 2007 bis 2016«; Statistische Veröffentlichungen der Kultusministerkonferenz, Dokumentation Nr. 214 – Juni 2018.

61 Heike Schmoll: »Zurück zur Förderschule«, in: »Frankfurter Allgemeine Zeitung online« vom 14. Juni 2018. https://www.faz.net/aktuell/feuilleton/hoch-schule/inklusion-in-der-kritik-zurueck-zur-foerderschule-15638151.html.

62 Martin R. Textor: »Der Einfluss der Wirtschaft auf die Kindertagesbetreuung«, 2009, https://www.kindergartenpaedagogik.de/fachartikel/kita-politik/bildungspolitik/1961.

63 Andrea Kästle: »In neuen Grundschulen: Intersexuelle Kinder sollen eigene Toiletten bekommen«, in: merkur.de am 30.

Januar 2019; https://www.merkur.de/lokales/muenchen-lk/pullach-ort29321/pullach-bayern-toiletten-fuer-drittes-geschlecht-in-grundschulen-11555695.html.
64 Martin Bayer: »82.000 Stellen unbesetzt«, in: »Computerwoche online« vom 21. Dezember 2018.
65 Interview von Jan Friedmann und Miriam Olbrisch mit Susanne Eisenmann: »Was Eltern für den Schulerfolg ihres Kindes tun können«, in: »Der Spiegel«, Ausgabe 45/2017. http://www.spiegel.de/spiegel/was-eltern-fuer-den-schulerfolg-ihrer-kinder-tun-koennen-a-1176444.html.
66 Pressestelle Hessisches Kultusministerium: »Kultusminister Lorz betont den gemeinsamen Willen zur Stärkung der Bildungssprache Deutsch«; 8. Mai 2017; https://info-pbhkm.hessen.de/pressearchiv/ pressemitteilung/ kultusminister-lorz-betont-gemeinsamen-willen-zur-staerkung-der-bildungssprache-deutsch.
67 Raphaela Birrer: »Primarschüler für den Arbeitsmarkt fit machen«, in: »Tagesanzeiger« vom 9. Februar 2018; https://www.tagesanzeiger.ch/schweiz/standard/schueler-sollen-deutsch-und-rechnen-vor-allem-am-computer-lernen/story/22191691.